藏書

珍藏版

周易全書

赵文博 主编

贰

辽海出版社

目 录

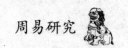

天人合一与扶阳抑阴

说到这里，我们还得返回来再从易经本身，从《复》卦本身，从孔子赞《易》的思想本身去寻觅"天地之心"。

前面说过，剥尽阳复的天地之心不仅体现阴阳消长相因，消息盈虚的自然规律，也融合了孔子易道观在内。不仅是客观真理的表述，同时有思想倾向与情感色彩。需要回过头来依据周易与易传仔细进行考察。

纵览周易全书，阴阳实为其"基因"。《易》以道阴阳，乃学界之共识。但《易》传虽然认为一阴一阳之谓道，阴阳共济始生万物万变，但从儒家思想出发对阴阳的态度却有所不同，不是平等对待，而是扶阳抑阴，尊阳卑阴。表现得最明显的是《乾》《坤》《泰》《否》四卦。《乾》《坤》为《易》之始，《泰》《否》为运之成。《乾》卦之初爻曰"阳在下"，以为龙之潜，而《坤》卦之初爻则曰"阴始凝"，以为邪气之始，其尊阳贬阴之意跃然纸上。《泰》卦象辞曰："内阳而外阴……内君子而外小人。"《否》卦象辞则曰"内阴而外

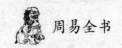

（由外向内看）

此乾一、兑二、离三、震四、

五、坎六、艮七、坤八为先

天数

变，始为天道。

阳，……内小人而外君子。"把阳比作君子，把阴比作小人。喜阳恶阴之情，十分明显。但尽管如此，这种倾向却只限于畸轻畸重的范围内，并不是扶阳灭阴。有的书上说周易尊阳灭阴，那是违反易理的，因为孤阳不生，孤阴不长，阴阳互

除《乾》《坤》《泰》《否》四卦之外，这种倾向通贯全易，莫不如此，《剥》《复》二卦自不例外。本来阴阳之消长相因、盈虚互变乃天之道，对于阴阳来说，本来无可厚薄。《剥》《复》二卦共同表现此理，亦无可轻重，但经文却说此际"不利有攸往。"象传解释说："不利有攸往，小人长也。"把阴盛阳微喻为小人当令，君子失势。其扶阳抑阴，为君子谋不为小人谋之意，无

论本经或传辞都极明显。这是一。第二，虽然孔子主张
扶阳抑阴，为君子谋，但他从易经中看到一阴一阳之谓
道，阴阳互济始为天理，所以，他在《剥》象中斥责小
人之后，又不得不承认"君子尚消息盈虚，天行也"，
亦即君子必须对《剥》的阴长阳消，阴盈阳虚，加以尊
重，因为那是理应遵守的大自然的运行规律。综合上述
两点，可见孔子对《剥》之阴盛阳衰，一方面从伦理上
表示厌恶，并主张谨慎对待，另一方面又无可奈何地表
示承认并尊重这一不可避免的客观规律。这是孔子对
《剥》卦的看法与态度。

　　孔子对《复》卦的态度与看法，和对《剥》卦大
为不同。《复》卦经文："复，亨，也入无疾，朋来无
咎。反复其道，利有攸往。"对此，孔子的象传以一言
蔽之，亦曰"《复》，亨"，重复经文，为《复》卦定
调。接着解释经文说："刚反，动而以顺行，是以出入
无疾，朋来无咎，反复其道，七日来复，天行也。利有
攸往，刚长也。"最后结论是："复，其见天地之心乎！"

　　这里值得注意的是，《复》卦卦象是一阳居初，五
阴在上，与《剥》卦之一阳居上，恰好相反。阳复于初
之势，一目了然。但经文却只赞《复》之美，而未说何

物来复。"刚反"（即"阳复"云云），是孔子的补充。"见天地之心"是孔子的体会，孔子的赞叹。是孔子对刚反之体会，对阳复之赞叹。这里只针对两仪之一的《乾》阳，而未溯及两仪之祖的太极。仅此亦足见天地之心为玄的说法，实不贴切。总之，由于《剥》《复》两卦卦辞象辞的迥乎不同，亦可见扶阳抑阴实为周易的基本精神。

这一点，在《夬》《剥》两卦也表现得很清楚。《剥》是阴剥阳而上九曰硕果不食，表明阳为君子之道，有复生之义。《夬》为阳决阴，而上六则曰："终有凶"，表示阴为小人之道，虽不言其亡，亦言其前途可悲，一褒一贬，极为明显。

此外，十二辟卦表明阴阳之消息盈虚，循环无已的天之行（自然规律）。其环之两极为《姤》与《复》。《姤》为五月，一阴生，经六月《遁》，二阴生，七月《否》，三阴生，八月《观》，四阴生，九月《剥》，五阴生，十月《坤》，六阴生，到十一月《复》，则一阳复生，是为复。然后十二月《临》，二阳生，正月《泰》，三阳生，二月《大壮》，四阳生，三月《夬》，五阳生，以至于四月《乾》，六阳生。《乾》之后一阴复生，是为《姤》。如此一长一退，一升一沉，一盛一衰、一代一谢，消息盈虚，循环无已，是为"天行"。本来就天行本身而论，其运行之每一环节皆同样必要，价值相同。必以等同之值运行，运行始得正常。其中《姤》为夏至，《复》为冬至，从《姤》到《复》，从夏至到冬至，天之运行，秩序井然，季节之转换，有条有理。对此《剥》《复》《复》《剥》之循环运行，只应全面肯定，而不应或褒或贬。但周易（包括孔传）并非单讲大自然的书，而是"讲天道以明人事"的书，是借天言人，天人合一的书，因此仅以天行之道来看待《剥》《复》的消息盈虚，就会看不清其全部面貌。举例说，为什么对一阴生的《姤》，贬之为"女壮，勿用取女，"而对一阳生之《复》，则赞之为"亨"？对二阳生的《临》说"元亨利贞"，而对二阴生的《遁》则曰"亨，小利贞"？对三阴的《否》戒之曰"否之匪人，不利君子贞"，而对三阳之《泰》则颂之曰"小往大来，去亨"？如此等等，尊阳贬阴、阳淑阴慝之义，处处可见。当然，这种带有倾向的态度也是合理的，不可避免的。周易是"天学"，同时更是"人学"。其中的天道、地道、人道，毕竟须以人道为核心。其占辞之断语或戒

辞，为亨、贞、吉、凶、悔、吝、无咎、厉、无不利、利有攸往、利涉大川、贞吝、征凶、终吝，等等，皆以人事之利害、正邪、是非、得失为基准。孔子讲周易偏爱阳刚，是依天人合一的理论，借天道以明人道，如斯而已。

但问题却出在这里：对于《剥》卦，既要坚持人道之扶阳抑阴的立场，戒之为"不利有攸往，小人长也"，同时又劝之为"顺而止之"，对"消息盈虚"之"天行"，持尊重态度。对于《姤》卦，亦复如此。对其一阴生，一方面戒之曰"勿用取女"，对《复》之一阳生，则赞之曰"亨"。一憎一爱，何其分明！这并不是逻辑矛盾，而是周易内在的，又经孔子发扬的天人合一思想展开后，必然到达的合理的结果：天与人是一而二，二而一，合中有分，分中有合。

情义双关的命题

依据上述来看，所谓"《复》，其见天地之心乎"，就是情义双关的命题：一方面表示由此现出（或见到）天地之心"，指出阴阳之间消长盈虚的客观规律，这是义，即"尚天行也"之义。同时表示对阴极阳生、恶退善萌的无限欣悦与赞叹而仰之曰："天地之心"，这是情。换个形象的说法，孔子这个命题可以说是"二美具"。

孔子对天行规律如此尊重，对阳之《复》如此欣赏，不仅表现在《复》象上，在孔子的全部易传中都有其形影。尤其是《系辞上》所说"一阴一阳之谓道，继之者善也，成之者性也"，表现得最清楚。邵康节注曰："一阴一阳，天之道也。物由是而生，由是而成者也。"一阴一阳之谓道的道，就是规律，一阴一阳之消长盈虚，就是天之道，即自然的规律的运行。《剥》《复》之循环无已就是一阴一阳之天道的典型表现。万物皆由此而生，继续不断，生生不已，此之谓善，善而落实于人和物即成为性（属性）。孔子这段话是叙述阴阳之道生物的过程，并表示始生之为善，天之生物，无所偏私，泛爱万物，实其仁性，故曰善（这是孟子性善说的本源）。在周易，生物之始又名为"元"。孔颖达周易《正义》引《子夏易传》谓："元，始也。"《公羊传》隐公元年何休注："变一为元，元者气也，无形以起，有形以分，造起天地，天地之始也。"元在古文，

训为正。在《复》卦中，一阳初复，是为生之始，生之始为元为正，故元即是善。而且，"元者善之长也"，元是最高的善（内含仁、礼、义、智），这在孔子的《文言》中已说得很清楚。同时《乾》彖又讲"大哉乾元，万物资始"，表明《乾》阳为元之本，阳动而物生，遂呈元始。元为周易之重要概念，凡四七见。孔子对元，曾反复颂扬，对元的颂扬，当然基于对生之颂扬，所以《复》彖颂扬阳之复与阳之生，为"天地之心"，等于对元的颂扬，等于对"善之长"的颂扬，其扶阳抑阴的心情，表露无遗。

但是问题的另一方面，是所谓"易以道阴阳""一阴一阳之谓道"。周易作者也罢，孔子也罢，对"孤阳不生，孤阴不长"的道理，自然十分清楚。但何以对一阴之生的《姤》卦如此贬斥，而对一阳之生的《复》卦如此颂扬，把"生"的贡献完全归功于阳呢？这个问题也不难回答。答案应该是：第一，阳为主阴为从。生，以阳为主导。第二，阳被阴剥，至极而复。阳复之际，为生为元为善（仁），是所谓"动之端""其势必强"（程传），可谓朝气蓬勃，前程无量，对此加以颂扬，合情合理。第三，扶阳抑阴之旨也表现在生死问题上。本身生死相伴，不能割裂。《系辞》所谓"生生之为易"其实应为"生生死死之谓易"。唯因扶阳抑阴，乐言生而慎言死，以致如此说。《系辞》所说"天地之大德曰生"，正是这种倾向性的表现。正如孔颖达《周易正义》所说："《易》主劝戒，奖人为善，故云生不云死也。"据此可见，《复》象对生之颂扬只及阳而不及阴，完全合乎周易的内在逻辑。

此外，还有一点值得注意。那就是周易对"复"之道基本上持肯定态度。《讼》卦之"不克讼，复即命渝，安贞，吉"；《小畜》卦初九之"复自道，何其咎？吉"；九二之"牵复，吉"；《解》卦"其来复吉"。以及《复》之"亨，出入无疾，朋来无咎"等，诸卦之"复"大都如此吉祥。但他卦之复，仅为局部的爻间之复，不关大体。惟独《复》卦之复，是全卦之复。复之道，无论天道地道或人道，在此卦都得到肯定与发挥。《剥》尽来《复》为天地之道，修身自反为人之道。如同《谦》之道一样，《复》之道也在天人合一的理论中为周易所肯定。不但予以肯定，而且特别予以欣赏。这一点，也包含在《复》卦"见天地之心"的象辞中，值得玩味。

天地之心的美学意义

最后，"复，其见天地之心乎"这一命题，不仅如上所述，具有宇宙观的意义，伦理的意义，也具有政治的意义和美学的意义，并且涵盖天人万端，应用于所有事业。

邵康节有一首歌颂《复》卦的诗，诗曰：

"冬至子之半，天心无改移，一阳初动处，万物未生时。玄酒味方淡，太音声正稀。此言如不信，更请问包羲。"

这首诗十分有名，不仅在易学界为人们所乐于传诵，在一般文化圈内也脍灵人口。它不但通过韵律节奏与艺术形象表现出大宇宙阴阳消长的根本规律，而且点出了这一规律运行的机密性与积极性。使人读了，不仅加深了对阳复的"天地之心"的领悟与理解，而且有一种似乎人心突然与天心碰撞而产生的难以名状的"第六感"在精神深处油然而生，好似在严冬极尽的雪原上忽然发现一株野草的青苗一样，或者宛如困在黑暗的山谷中忽然发现了一线光明一样，欣喜之情，涌上心头。邵

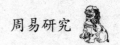

康节的诗，以自己的感受唤起了读者的感受，引起了广泛的共鸣。

这首诗含有丰富而生动的内容。它是说，冬至为一年间夜最长（阴最盛）昼最短（阳最衰）的节令，是气温开始入九，进入最严寒的时节。但就在这当口，黑夜开始由长变短（阴盛极而始衰）。这是谁的支配作用？这是"天心"的作用，亦即阴阳消长的法则的功能。"天心无改移"，是说这一宇宙的根本法则是准确运行，绝无差忒的。这是阴阳兴衰交替的时刻，是一阳始生的瞬间，是静极而始动的一刹那，是阳主阴从关系即将水乳交融的过渡当口，天地充满无限生机和无限春意，前程光明，无穷无尽。这时万物将生而未生，生意盎然而尚不显现。犹如一棵无形的种子充满生的能量而尚未破壳而出。这是个宇宙间最微妙，最美妙的时刻。从外表来看，五阴在上而一阳在下，阳气初复，自然微弱，但从实质上从发展来看，阳生之势必将如野草之破土而出，势不可挡，生、长、壮、大是毫无疑问的。对这迷离恍恍的动人时刻，邵康节满怀激情地以玄酒、太音作喻，加以颂扬。玄酒为上古祭祀所用，引申为薄酒、美酒。美酒不在烈性，而在淡泊之处，最堪品味。太音即大音（上古大太通用），"大音稀声"（《老子》四一章），是说最高最美之音乐听不出声音，亦即《庄子·天运》所谓"无声之中，独闻和焉"。陆机《连珠》所谓"繁会之音，生于绝弦"，白居易《琵琶行》所谓"此时无声胜有声"那样的意境。（参见钱仲书《管锥编》二册 449 页），特别是，鲁迅所说"于无声处听惊雷"（《复》卦卦象正是雷隐于地中），最能表明"太音稀声"的意境。总之，玄酒太音这两个比喻，形象地表达出一阳始复、将生未生的美妙瞬间，把这一瞬间的沛然待发的无限生机，表露得十分深刻，耐人寻味。同时，全诗意义最深、意味最浓、意境最高的是结尾两句："此言若不信，更请问包羲（包羲即伏羲，包伏一音之转）。"意为如果此诗所颂的一阳独生的美妙境界若你不信，便请你去问一问创造八卦的包羲氏。说的好！的确是一问包羲，答案便立即呈现。稍加思索，便会同意康节先生的结论。因为，世界上最先发明创造出八卦的包羲氏，他仰观俯察，取身取物，经过深入思考而后画出宇宙人世的基本架构：《乾》、《坤》、《坎》、《离》、《震》、《巽》、《艮》、《兑》八种物象，谓之八卦。而万事开头难，他画卦是从哪里开始的呢？毫无疑问，是先从"一"开始，"一"是天之象，其德为《乾》，其性属阳，然后才接着画出"－－"，用以象地，其德为《坤》，其性属阴。一为数之始，亦为物之始，数即是物，数之始即是物之始。包羲氏初画出"一"的瞬间，为一阳初生，尚未画"－－"，阴尚未生，正是孔子所说的"乾元"（即一阳）之际，"始而亨者也"，充满了畅通无阻的生机。虽然《乾》天《坤》地尚未画出，《坎》水《离》火《震》雷《巽》风《艮》山等亦未滋生，八卦尚未形成，但这个最原始的一画，却内蕴着产出花花世界和千变万化的基因，亦即象征这个花花世界和千变万化的八卦乃至六四卦的体系。或者说，这一画就为中华民族从原始走向文明画出了一个开端。

这不正是康节先生所谓"一阳初动处，万物未生时"的情景么！此种情景中的心理境界，将宇宙法则乃至世界万象寓于胸中而酝酿出生机的春意境界。当然画卦的包羲氏亲身体验，领悟最深。虽然包羲氏早已作古，其人其事其意，并无文献可徵，但世上却有个对包羲的精神、周易的奥义，以至《复》卦的精髓能够彻底通晓的圣人存在，那就是孔子，后学者尽可以循此而体悟到初画一阳时包羲氏的顶天立地、超凡出众的高尚境

界。回过来头，再吟玩邵子的诗，便自然会豁然开朗，大彻大悟。

以上所述，总结一下，可以归纳为"《复》，其见天地之心乎"这一命题（包括《复》卦五阴一阳的卦象）的美学意义。从美学理论来看，美属于形象化的艺术范畴，抽象的哲理似乎与美学关系不大。但正如古希腊建筑具有几何式的数学之美一样，《复》卦的形象以及孔子象传所涵孕的生机勃勃的气象，也具有充分的审美意义，给人以美的感觉和享受。

天地之心的实践意义

阴阳消长盈虚，循环无端，这是宇宙的根本大法，是天地之心，它涵盖世界的一切方面。政治上的一治一乱，一乱一治；合久必分，分久必合；政权的一兴一衰，一交一替；政治人物的一起一落，一上一下，等等，都逃不出这一自然的根本大法。乃至军事上的胜败之间，战和之间，事业上的成功与失败之间，顺利与困难之间，甚至心理与感情的喜怒之间、哀乐之间，也都可以看到这天地之心在起支配作用。另外，这一根本大法的突出表现，在于它内在的"物极必反"的规律。从周易来看，《夬》决阴而成纯阳之《乾》，阳已极盛，极而必反。于是《姤》之一阴乃油然而生，生而长，长而壮，"物壮则老，是谓不道，不道早已"（《道德经》三十章），阴长至《剥》，猖狂至极，极则必衰，于是"硕果仅存"之一阳"七日未复"，遂成阳《复》。一阴一阳，极则必反，兴衰交替，无时或已。从这一"天地之心"的运行中，我们读易者应该像孔子那样，发现其人事的积极意义。在事业的经营上乃至生活的处理上，一方面要像孔子所说的那样，存不忘亡，安不忘危，善于持盈保泰而避免走极端，以免走向反面。另一方面，对待困难与失败，绝不灰心失望，应该仿效陷于阴剥之中的阳气，努力保持元气，以待"天地之心"运行的回转，养精蓄锐，目光向前，在黑暗中静候事情的转机，期待光明的来临。应该在苦难中，坚持真理必至的希望，坚信阴剥极尽必转为阳气来复。这可以说是我们探讨何为天地之心这一问题的实践意义。

第七篇　"制器尚象"
与"居则观象"

此象非彼象

在孔子的心目中，周易是君子修养与行动的指南，其中涵有"圣人之道"，足资汲取。他以总结的语气说：

"《易》有圣人之道四焉：以言者尚其辞，以动者尚其变，以制器者尚其象，以卜筮者尚其占。"（《系辞上》十章）

以，用也，尚，崇也。意思是，周易有四个圣明的道理：需要言论的，重视其中的文辞；需要行动的，重视其中的变化；需要制创器物的，重视其中的形象；需要卜筮的，重视其中的占断。

在另一处，他又说：

"……君子所居而安者，易之序也，所乐而玩者，爻之辞也。是故，君子居则观其象而玩其辞，动则观其变而玩其占。"（《系辞上》二章）

上一段话说的是辞、变、象、占，后一段话说的也是辞、变、象、占。表面看来，大意仿佛。但稍加注意便可发现，两段话之间存在一个巨大的差异。具体说，差异就在象字上。前段话的象，是"以制器者尚其象"的象。后段话的象，是"居则观其象"的象，内容深广程度，迥乎不同。前者的范畴，仅限于从卦象中汲取模样或含义，以开发造器之智，除了传说中帝圣为利民而制器之外，在孔子生活的春秋末季，在"君子不器"（《论语·为政》）的社会气氛中，这并非君子进德修业的要事，和辞（修辞）、变（通变）、占（察来）三者并列为"圣人之道四"，过于牵强。后者的范畴，较之前者其外延远为广阔，内涵远为深厚。它不止于一事一物之形态与义理，而是包络天地人三道而弥沦万事万物。所谓观象，实质上是观察象中阴阳交迭变化之道所表现的各种情态，据此为进德修业、彰往察来的指南。制器尚象云云，不过象义之一角，较之"君子居则观

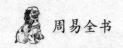

象"之象，可谓小题大作，它与"君子观其象"的象，实不可同日而语，把它列为周易四道之一，无法前后呼应，昭然若揭。可是历代许多易学家都只顺应原文加以注解或阐释，而不表疑问，《周易纂疏》引崔觐之言，即是一例。崔曰："圣人德合天地，智周万物，故能用此易道。大略有四，谓尚辞、尚变、尚象、尚占也。"意为，只有德智至上的圣人，才能运用易经中的"四道"。这样依原文的字面意义来作解释，便把易经四道之主的象、易经灵魂的象，局限于为制器提供蓝本的狭小的功利范围，从而大大冲淡了易象的精髓，降低了易象的功能与价值。来之德在注释"易之为道，不过辞、变、象、占而已"（《易经集注》），也是顺应原文的意思，承认"制器尚象"为易经四道之一，而对"制器尚象"仅为易象功能之点滴，远不足以代替四道之一的易象一点，未作任何辩释。这对发明易象颇有贡献的来氏来说，不能不说是一个可惜的疏漏。还有向来读书而好甚解的张载，对"圣人之道四"这段话，却不求甚解。他说："尚辞则言无所苟，尚变则动必精义，尚象则法必致用，尚占则谋必知来。"（《横渠易说·系辞上》）抛开《易》之四道，以"法必致用"解释"制器尚象"，不过是肯定原文字面意思，顺水推舟，略加申述而已，并未作任何剖析。

如上所述，把"制器尚象"说成易经内涵的四道之一，其小题大作，以点代面的弊病相当明显，略有见识的人，即不难发现。但何以不少名家如此草草肯定而不表异议呢？对此，有人认为，这是由于古代的学者们，无论儒家或道家，对圣人孔子说的话，多怀有尊崇与敬服之心，而难以发现疑问的原故。这个说法，有一定的道理。思想史证明，不仅古代，不仅对孔子的言论有此种情况，就是近现代或当代，也有不少类似的事例。实质上这也许是政治空气对学术心理的干扰吧。

不但古代的易学家对上述《系辞》原文抱着含糊其辞，敷衍了事的态度，当代一些易书也不少此种情形。如《周易大传新注》就把"制器者尚其象"简单地释为"用来制造器物应以卦象为主"，并未就其不合理处提出任何疑问，《周易今译》也是只照原文字面译为："用来制造器物时，崇尚《易经》的形象"，在总结中，也未作任何辨析。可见易学传统的负面影响今天仍然存在。

以上所谈，是《系辞》"易有圣人之道四焉"当中，关于"制器者尚其象"的第一个疑问。此外，还有另一个疑问就是：既然"制器者尚其象"（姑不论易象是否有全面地为制器提供仿效的功能），那么，是象在器先，还是器在象先？亦既：是先有象，还是先有器？这一问题，按实际情况，以常识论之，头脑正常的人，当然都会说：根据事实来说，一般情况下自然是先有器物，而后有易象，因为易象是源于物，是人仿物而画成的。但《系辞》在这一点上产生了自语相违。它一面说"制器者尚其象"，表明制器者摩仿易象，另一面又说："古者包羲氏之王天下也，仰观象于天，俯观法于地，观鸟兽之文与地之宜；近取诸身，远取诸物，于是始作八卦……"（《系辞下》二章）。意思是说，"八卦取象于日月天地雷风山泽……"（《周易集解纂书》李道平疏语）。易象生于人仿外物，先有物，后有象，象为物的象征。所以《系辞》下文在总结时才说："是故，《易》者象也，象也者像也"，把易象的来源归结为摩仿外物的相似。这和前文"制器尚象"的思想，恰好相反。

可是，紧接着《系辞》又转过身来以大量实例论证"制器尚象"的正确。它说：

"（包羲氏）作结绳而为罔罟，经佃以渔，盖取诸《离》。"

"包羲氏没，神农氏，斫木为耜，揉木为耒，耒耨之利，以教天下，盖取诸《益》。"

"日中为市，致天下之民，聚天下之货，交易而退，各得其所，盖取诸《噬嗑》。"

"黄帝尧舜垂衣裳而天下治，盖取诸《乾》《坤》。"

"刳木为舟，剡木为楫，舟楫之利以济不通，致远以利天下，盖取诸《涣》。"

"服牛乘马，引重致远，以利天下，盖取诸《随》。"

"重门击柝，以得暴客，盖取诸《豫》。"

"断木为杵，掘地为臼，杵臼之利，万民以济，盖取诸《小过》。"

"弦木为弧，剡木为矢，弧矢之利，以威天下，盖取诸《睽》。"

"上古穴居而野处，后世圣人易之以宫室，上栋下宇，以待风雨，盖取诸《大壮》。"

"古之葬者，厚衣之以薪，葬于中野，不封不树，丧期无数。后世圣人易之以棺椁，盖取诸《大过》。"

"上古结绳而治，后世圣人易之以书契，百官以治，万民以察，盖取诸《夬》。"

这样，《系辞》又进一步以十三个"盖取诸"的"历史事例"为证，证明制器者如何尚于象。显然，这同上文所说的仰观俯察而取象画卦的观点，水火不容。

《易》者象也

于是，在阅读《系辞》这一部分时，人们不可避免地要面临两个问题：

（一）周易的四个圣人之道，即周易的四大内容，可以集约为辞、变、象、占。但其中的象，应指周易整体的象，而不应指象中的小节"制器尚象"。将"制器尚象"与辞、变、占并列，显然极不平衡。所谓尚辞、尚变、尚象、尚占云云，按理说，是与第二章君子居则观其象而玩其辞，动则观其变而玩其占"的话前后呼应，是同一思想两个角度的表达方式。何楷说："此章与第二章'观象玩辞'、'观占玩变'相应。"（《周易订诂》）点出了两章两话间的脉络，但未对"制器尚象"提出究诘，恐怕也是由于对圣人言论持述而不作的态度吧。第二章所说的观象，当然是指易体全象，即六十四卦的整个卦爻象，是从"冒天下之道"的高度和"类万物之情"的广度去玩象尚象。这样看来，"制器者尚其象"和"观象"两者并非同一序列的概念，不应与辞、变、占并列为圣人之道。这是第一个问题。

伏羲氏画八卦图，出自《二十一史通俗演义》。伏羲氏是传说中的五帝之一

（二）"制器者尚其象"的论断以及后文的"十三盖取"的例证，也许是为了"说明《易》象的'神奇'作用"（《周易译注》），但就史实、事实及大体看来，却是颠倒是非的空论。从根本来说，应是象源于器而非器源于象（此指形而下者的器，制器者之器是其中之一）。况且"十三盖取"（《系辞下》二章）一章内部亦有矛盾，开头之

23

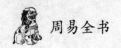

"仰观俯察"与总结之"易者象也",是说象生于器,中间之"十三盖取"则说,"器生于象",互相扞格,难以自圆其说。

这是第二个问题。

下面,分头试加剖析。

在周易的四大内容(四大圣人之道)辞、变、象、占中,占有根本地位的是象。《系辞下》说:"象者像也",可谓一言中的。象是周易的灵魂,也是它的躯体。正如来之德所说:"易卦者写万物之形象之谓也,舍象不可以言《易》矣。"(《易经集注》)可以断言:象外无《易》。

第一,《易》从象生。《系辞》所谓"易有太极,是生两仪,两仪生四象,四象生八卦"也罢;所谓"伏羲氏……仰则观象于天,俯则观法于地,观鸟兽之文,与地之宜,近取诸身,远取诸物,地是始作八卦……"也罢,都是表示易体始于阴阳八卦的画象,《易》离不开阴阳八卦,阴阳八卦则离不开象。丁寿昌引《说文》"挂,画也"。驳斥了卦为"悬挂"之义说,认为卦的本义源于画,《易》之画是画象,象成则《易》成(《读易会通》)。王夫之也说:"因像求象,因象成

《易》"（《周易外传·系辞下三章》），把《易》从象生之义表达最为简明确切。

第二，象外无《易》，《易》即是象，从阴阳二画起直到八卦六十四卦乃至三百八十四爻，无一非象，各种卦序，无论传统的，八宫的，或马王堆的，无一非卦象之序。各样卦变爻变，无一非象变，所有卦辞爻辞，亦无一非象之释辞，等等。《易》即是象，其理昭然。所以《左传·昭公二年》晋国韩宣子出访鲁国，观赏文献时，不称周易为《易》，而名之为"易象"，可见，《易》与象具有一而二二而一的密切关系。

第三，《易》之辞生于象，先有象，后有辞。古时曾有有象无辞之《易》，但无有辞无象之《易》，《尚氏学》曰："凡易辞无不从象生"（《系辞上》），所谓"圣人设卦，观象，系辞焉而明吉凶"，即指此而言。如《乾》卦卦辞之"元、亨、利、贞"，是表现天所具有的"始、通、和、干"四德等六个纯阳之象而系上的文辞。"潜、现、乾乾、飞、亢"等爻辞，是依据六个爻所表现的天地人三位以及龙在三位六个阶段中的情态而缀上的爻辞，等等，都是文王、周公（或他人）观其象而后按象义所作的文辞，辞从象生。王弼所谓"言生于

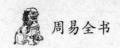

象"（《明象》），朱熹所说："'象者物之似也'，此言圣人作《易》，观卦系之以辞也。"（《周易本义》）都说明象是辞所从出的本源。

第四，义自象生。象的本质是，以象征万物情态的形象"冒天下之道"与"彰往察来"（《系辞下》）。孔子认为，《易》之所以立象，是由于"书不尽意，言不尽意。故而立象以说意，设卦（卦亦为象）以尽情伪。"（《系辞上》）王弼解释说："夫象者，出意者也……尽意莫若象。"（《明象》）都表明语言文字在表达意念上的局限性和象在表示思想意念上的优越性，正由于象有蕴涵义理的优越性，故而圣人才能从中悟其义理"微显阐幽"而系之以辞。程颐所谓"理无形，故因象以明理"（《答张闳中书》），王夫之所谓"天下无象外之道"（《周外传·系辞上》），都是阐发此意。换言之，从根本上讲，周易并不是"文以载道"，而是象以载道，象以蕴理；卦爻辞不过是把象中所含的义理表达出来而已。何况周易的文辞也大多采用寓言、比喻等形式，也属于象。"意以象尽，象以言著——王弼这八个字把意、象、言三者的关系和象在三者中主要地位的意思，表现得简明而恰当（至于他的忘象扫象之论，及是以庄解易，其利弊是另一问题，此处不谈）。对周易象数义理俱深有修养的杭辛斋，总结自己研究易象的心得说过下面一段类似评语的话："周易卦爻，文字所不能赅者，而象无不可以赅之，象固不可限量也。"（《学易笔谈》卷一）"象也者形也，其不曰形而曰象者，形仅以状其物质，而象则著其精神"（《学易笔谈》二集卷三）。

此间，前一段是说象的功能。赅者，备也，意为周易的卦爻的奥义，文辞不能完备地表达，而象则完全可以象征，象的功能本来就是不可限量的。这段话的中心是说象的功能大于辞。第二段是将象与形对比，而辨其区别。他认为形仅表达外貌，象则表达精神，这是很高超的见解。的确，形仅是空虚静止的物貌，并不含有深厚的义理，不会变化；而象则是蕴事物义理情性的构图，以阴阳的对立统一为内核，生机勃勃，变化多端，一象表多物，含多义，是一与多的统一。仅以《说卦》为例，其中的《乾》象除具纯阳之健性外，还代表天、首、君、父、玉、金、寒等十四种事物，而且不止于此，还可增益，所谓"象固不可限旦也"，于此可见一斑。同时，既此也足见，有些人有些书把《易》之阴阳、八卦和六十卦说成"符号"，是不妥当的。表面看来，为了表达的方便，似乎可称之为符号，而从实质上说，易象与符号完全是两回事，因为严格意义的符号，是标志事物的空洞的信息外壳，是与外界事物并无相似之处的单纯记号，与它所标志的事物之间并无固定的联系，亦即符号本身并无固定的内容，它是事物的外在形式，这是一。其次，由于它是空壳的载体，所以并不蕴涵义理，电报或数理逻辑的符号就是这样，本身并无意义。最后，符号代表的事物和关系，是单一的，固定的，绝无"变动不居"或一个符号代表多数事物的情况，等等。就其只是标志事物的外在形式而不"著其精神"一点来说，多多少少和杭氏所谓的"形"有些类似，和上述象的本质、功能、变化、价值等，都相差甚远，不是同一事物，也不属于同一类。就《易》象来说，无论卦爻象或文辞象都不是作为空虚的载体而被动运行的符号，它是与数理、义易紧密结合，而主动变化的形象，是内容与形式的统一体。由此观之，来之德说："象，镜也。有镜则万物毕照，若舍其镜，是无镜而索照矣"（《易经集注》原序）。这段话认为象是《易》反映万事万物情态的手段，强调它的巨大功能，这是正确的，所差的是，他把活生生的象，比作死板板的镜，则和符号论者犯了相似的错误。符号属于抽象思维，易象属于形象思维中的象数思维，根本不同。此问题，当另文论述。

第五：《系辞下》说："《易》之为书也……其道也屡迁，变动不居，周流六虚，上下无常，刚柔相易，不可为典要，唯变所适。"这一段著名的论述，简明扼要，把周易的精髓说得明明白白。确实，周易的实质是讲阴阳变化的规律，那么，它本身的变化表现在哪里呢？一句话，《易》之变，根本上是象之变。无论筮草之十八变而成卦，本卦之变为之卦，六个爻之变，卦序之变，乃至互卦之变等等，根本上都是象变。卦爻辞之变，是伴随卦象爻象之变而变，卦爻之象不变，则文辞自然不变。同时文辞本身也多是象，文辞变，也是象变。明显的卦变，如《泰》之变《否》，《泰》为地上天下（内卦天，外卦地），象征地气上升，天气下降，阴升阳降，阴阳相交，呈现大通泰和的景象，故名曰《泰》，卦辞为"小往大来，吉亨"。小指阴气，大指阳气，阴气升而阳气降，简言之为"小往大来"。如此大好局势故曰吉而且亨，卦辞所表现的，全是卦象的内涵，如将《泰》卦之内外两小卦颠倒过来，造成天上地下之象，

则成为《否》卦。《否》之卦辞为"否之匪人，不利君子上贞，大往小来。"意思是，泰不会永泰，泰极则否来，否为塞。否塞的局势，与泰通的局势相反，天气上升，地气下降，天地不交，万物不生，不利于人道，故曰"匪（非）人"。阳气上长，阴气下来，为大往小来，如此反常的局势，对君子坚持正直之道颇为不利。这段卦辞，如《泰》卦卦辞一样。都是对天地关系的卦象内蕴，联系人事，加以阐释。《泰》《否》卦辞涵义相反之变，正缘于两卦卦象颠到之变，变生于象，而辞则明其变之含义。卦变如此，爻变自不例外。如《遁》卦初爻辞是："遁尾厉，勿用有攸往"（小人得势时君子应及时遁退，以避其锋，如若遁藏滞后，成为遁"尾"，则有危险。此时此际不可前进，以免受害），《遁》卦初爻变，则变为《同人》卦，初六爻辞为"同人于门，无咎"（能够走出私门，与公众求团结，则无咎害）。如此爻象变，则爻辞随而变，六十四卦三百八十四爻，莫不如斯。总之，周易的精髓在于阴阳交变，阴阳之变为象变的根基，而卦爻及文辞之变则缘于象变。所以，归根结底，周易四大内容的辞、变、象、占之变，也如辞一样，以象为本，辞可谓象辞，变亦可谓象变，变之所在，即象之所在。

占以象为本

最后，《易》之占，也植根于象。表面上《易》是占筮之书，而奇怪的是，在辞、变、象、占四大内容的排列中，占却屈居于末位。可见，在《系辞》的思想看来，在几个圣人之道中，占并不占主要地位，但另一方面，《系辞》对四道的排列，似乎也欠斟酌。论正说，其排列次序应该是"象、变、辞、占"，这样才能合理地表达出四道的轻重之序。

为什么说占也植根于象呢？这一点，剖析一下占筮的步骤与过程，就可以了然。简言之，占的过程包含四个步骤：起卦、观卦、算卦、占断。起卦就是以四九根蓍草，经过四营十八变而成卦，蓍草之数变及成卦，皆表现为象，观卦即"设卦观象"，"八卦以象告"（《系辞下》十二章）。观卦即观察玩味卦之象，体会其内蕴，领悟其动静，算卦就是动用卦象爻象间阴阳相反相成的变化法则和其中蕴涵的以及显为爻辞的义理（哲理伦理等），进行演算。占断则是综合观与算的结果，依据义理提供的经验教训，结合占问者的情境，使用占辞，作出吉凶祸福的推断。起卦为偶然，观算为必然，占则归于概然。其间，起卦为以数象立卦象，观卦为观玩所立之卦象；算卦为动用象数（包括卦象的文辞）的法则进行分析，占断则为前三项综合的结果。说来说去，既然卦者象也，那么起卦、观卦、算卦、占断的过程，归根结底，实质上无妨说就是起象、观象、算象、占象的过程。因此，可以说占也植根于象，象外无占。

综上所述，可以明确地见到，"《易》者象也"一语，真正抓住了《易》的精髓。清人吴世尚在《庄子解》序中以感叹的语气说："《易》之妙，妙在象。……《易》冒天下之道，羲皇之图尽之。古今至圣大贤，未有无得于《易》而能见道分明者也。"的确如此，《易》之妙就在于能以"分明"之象现出天下抽象之道，使人得以从"观感"体悟其中奥妙。故此，在周易的辞、变、象、占四个圣人之道中，象应占决定性的首位，是理所当然的。

《系辞》二章"圣人设卦观象而玩辞，动则观其变而玩其占"一节与《系辞》十章"易有圣人之道四焉：以言者尚其辞，以动者尚其变，以制器者尚其象，以卜筮者尚其占"一节，辞、变、象、占之所指，显然是同一对象。其中观象的象与尚象的象，也显然是同一序列的概念，就是说，都是上述作为周易灵魂与躯体之统一的象，都是冒天下之道的象，都是辞所生，变所出，占所由据的"大象"，而不是制器而尚之的具体的"小象"。因此，依据涵义来说，"以制器者尚其象"一句的合理的说法，应该是"以观者尚其象。"这样，才能同"居则观其象，"紧密呼应，才能同尚辞、尚变、尚占，并列为四个圣人之道而无愧。

可是，虞翻、朱熹、来之德、陈布雷等许多易学家却未能对此提出疑问。广大的后学者也往往顺从《系辞》原文和名家注释，将错就错，囫囵吞之。真是一件令人遗憾的事。

《易》生于象

为了弄清"易者象也"和"以制器者尚其象"之间的矛盾关系，有必要进一步对《易》的生成略加探索。

关于这一点，《系辞》有两个说法。头一个是：

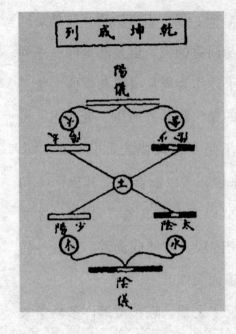

两仪生四象图，出自元·张理
《易象图说内篇》

"《易》有太极，是生两仪，两仪生四象，四象生八卦"（《系辞》二章）。第二个说法是，上文所引伏羲氏仰观俯察，画出阴阳八卦的一节（《系辞》二章）。前一个说可简称为太极说，后一个说法可简称为画卦说，现在先从前一个说法谈起。

太极说表明，《易》生于太极。何为太极，说法不一，一说为太乙（太一），亦即所谓宇宙的本体。太极含有正反两面，在运动中一分为二，出现阴阳，是谓两仪（一袴）。阴阳交互迭变，再生出少阳（沫）、太阴（雏）少阴（喷）太阳（毂），是之谓四象。阴阳继续交迭，遂生出八卦，其演变过程和结构形成，如图所示。

此图号称伏羲先天八卦图。宋人虽名为伏羲之图，但太极说的原文，却只表示八卦的形成，是"太极"自身所含正反两面运动演变的结果，并未表示出自人为的创作。以今天的哲学语言来说，可以说阴阳（乃至六十四卦）的生成，是它的"基因"（太极）合理的逻辑演化的必然产物。也可以说，《系辞》作者是从逻辑演化的角度阐述了卦体（即易体）形成的基因、过程与结果。这是太极说的中心内容。

其次是画卦说。《系辞》（下二章）说得十分清楚，阴阳八卦是由包羲氏仰观俯察，摩仿外界情景而画成的，亦即卦象是人为创作的外物的象征。以今天的语言来说，也无妨说，画卦说的主旨是表示，卦象是客观事物在作者头脑中生动反映的产物。

如果将上述两说加对比，我们会发现一些麻烦而有趣的问题。

（一）前者说卦象是自身演化成的；后者说它是圣人画成的。

（二）前者强调逻辑演化的必然性；后者强调摩仿、反映的实然性。

（三）前者着重论理推演的过程；后者着重创作发展的历史。

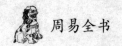

（四）前者可引出唯心论。如：以太极为理念，以八卦生成为理念演变的结果，则导致客观唯心论。以太极为数，作数理论，则太极是一，一分为二成两仪，二分为四成四象，四分为八成八卦，云云，正是数理论者邵雍的学说，是唯心的。至于后者，无论怎样解释，也只能得出唯物的结论。

当然，从思维科学和哲理逻辑的角度来看，理念的演变也罢，邵雍的数理说也罢，作为一家之言，都有其积极意义。况且，作为理念或作为"一"的太极，也是源于宇宙在人脑中的反映和人对宇宙的思索，或者说，都是宇宙的"投影"，而非空中楼阁。说到底，并不是离开外界而自生的"思想实体"。

有趣的是，从上列对比中，我们不仅看清了两说的各自为政，同时也悟出了它们的协作有方。就是说，八卦的象（即易象）是宇宙缩影的构图，它的出生、成长和定型，一方面以现实的运动为基础，同时也要以思维的运动为凭借，二者缺一不可。所以在描述这一图象的生成过程时，就应双管齐下，即说明其思维运动的情况，也说其反映外物的情况，这样才可免于一偏。

因此，太极说和画卦说是从不同的方面对卦象的形成作了全面的阐述。其逻辑推理的正确性与事实发展的正确性统合无间，完全可以同时存在，并行不悖。作为易象生成的学说，太极说和画卦说合起来，可谓达到了逻辑与历史的统一。由此看来，那种认为画卦说同太极说相抵牾的观点（如《周易全解》）似有进一步推敲的必要。

关于易象的生成，《系辞》虽提出了上述两说，但前一说只出现一次，后一说则多次出现，成为贯通全文的思想。除了上述包括画卦的论述外，最显著的还有下面一段话："……天生神物，圣人则之；天地变化，圣人效之；天垂象，现吉凶，圣人象之；河出洛，洛出书，圣人则之。"（《系辞上》十一章）

不管天垂象作何解，河图洛书为何物，这段话的要点是说，外界有物，物有形态变化，圣人效之，象之，则之，而后立象画卦。在这里，仿物画象的思想表现的非常明显，毫无疑问。这一点，《周易集解纂疏》引虞注《易纬乾凿度》的解说，也可资参考。它说："……清轻者上为天，浊重者下为地。……乾坤相与并生。"又说："天地开辟，《乾》《坤》卦象立焉。"意为先有天地之形，而后生出《乾》《坤》之象，把《乾》《坤》

（阴阳）之象，视为仿摩天地开辟而建立（画出）的图形。这一解说，和上引《系辞》圣人效法神物而画卦之说，都属于传说或猜测，但却是含有积极意义的传说或合乎情理的猜测。与《系辞下》所说的仰观俯察，取身取物的观点，基本精神是一致的，都可归结为象生于物，而非物生于象。用现代哲学的语言来说，则可谓物是第一性的，象是第二性的，物象反映在人的思想中，形成一种观念，画下来成为易象。象之源于物，是实际的常识。为此，从来源上亦足见"以制器者尚其象"之仿象制器的观点，既不合乎易象出生的原理，也违反事实的常识，是颠倒是非的奇谈怪论。

但是，如前所述，《系辞》不但提出了这种奇谈怪论，而且以大量事例加以论证，这既与已身反复强调的"效之"、"象之"、"则之"和"仰观俯察"以立易象的观点，自语相违，又违反了史实与常识。具体地说，作为论证理由而举出的十三个"盖取"，没有一个能站住脚。"作结绳而为网罟，以佃以鱼，"是基于生产经验的发明，并非来自观察《离》卦形象而得来观点，这是人所共认的常识。但《系辞》却说这是"盖取诸（之于）《离》"，是从《离》卦得来的创见，这显然是荒唐的说法。

然而奇怪的是，如前所述，历代许多易学大家却只照原意加以疏解。如虞翻曰："《离》为目（《离》之象为目），《巽》为绳（《巽》之象为绳），目之重者唯罟（眼目重叠成网），故结绳为罟"（《周易集解纂疏》引汉易语）。把网罟的发明硬说成源于对《离》卦形象（包括其中的互体《巽》）的观察，用以解释《系辞》"盖取诸《离》"。虞氏的语意，比原文更加坚定。原文有盖字，表示大盖如此，有猜测的意思，语气还不十分肯定。虞氏注解之误，较原文更甚。朱熹说："两目相承而物丽焉"，语意近似虞氏，但未及取象之事，意思含糊不清。

"十三盖取"之中，原文最荒唐而注解更荒唐的当推第五个。文曰："黄帝、尧舜，垂衣裳而天下治，盖诸《乾》《坤》"。对此，古时有几种解释。《九家易》说："黄帝以上，羽皮革木，以御寒暑。至于黄帝，始制衣裳，垂示天下。衣取象《乾》，居上覆物；裳取象《坤》，在下含物也"（《周易集解纂疏》引）。以《乾》上覆物，《坤》下含物之象，作为上衣下裳的创制所仿。郭雍说："垂衣裳而天下治，无为而治也。无为而治无他焉，法《乾》《坤》易简而已"（《家传易说》）。认为垂衣裳的无为而治，是效法《乾》《坤》卦象的易简精神。孔颖达说："以前衣皮，其制短小，今衣丝麻布帛，所作衣裳，其制长大，故云垂衣裳也。取诸《乾》《坤》者，衣裳辨贵贱，《乾》《坤》则上下殊体，故云取诸《乾》《坤》"（《周易正义》），等等。这些注解虽然在何谓垂衣裳而治和取诸《乾》《坤》之义上有些不同，但关于《乾》《坤》卦象为衣裳所本，则无异议。如此，原文注释都把《易》象的产生说成在戴羽披革的原始社会早期，把衣裳的发明说成取之于象，以与"制器者尚其象"的论点相适应，这实在是与社会、文化发展的历史背道而驰的奇谈怪论。除此之外，把集市的出现归功于《噬嗑》的启示（虞翻注："《噬嗑》，食也，市井交易，饮食之道，故取诸此也)。把书契的创制归功于《夬》卦的启示（虞翻注："书契所以断决万物，故取诸《夬》也)，等等，都是硬把器扯到象上，牵强附会，莫此为甚。

但是，如此不合理而浅近的问题，除汉人虞翻、《九家易》等轻义理的象数派易学家自然会肯定原文而后作象数衍说外，向来博学精思，以高见卓识著称的清人杭辛斋，竟而也对原文全面肯定，并依原义引申发挥。在《学易笔谈》第二集中，他专题谈了"制器尚象"。

其言曰：

"系传曰以制器尚其象。又虑后世之无所则也，特举作绳而为网罟以佃以鱼。盖取诸《离》之十三卦，以示其例。"

杭氏易学，兼义理与象数，主要是通过象数发挥义理，其见解多有精辟独到之外。但在这里，他却犯了个死读书不求甚解的毛病。虽然接下来他进一步说："又虑后人之不能通其变也，特于《乾》《坤》二卦明示之，曰通其变传民不倦，神而化之传民宜之，《易》穷则变，变则通，通则久。……"云云，结合"十三盖取，"对易理有所发挥，但那是在肯定"十三盖取"之制器取象为正确的前提下所作的衍申，对原文的"可疑"，并无表示。这一点，和朱熹、来之德、陈梦雷等学者，有所不同。

作为宋代儒家的代表人物，朱熹对祖师爷《系辞》中的这段言论，态度似乎不十分明朗。一方面在《周易本义》中在《系辞》"十三盖取"之后注解说："此第

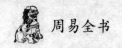

二章言圣人制器尚象之事"，以制器尚象说明十三盖取之义，自然是与原文的观点一致。同时，每个盖取之后的注释，也不离原义。如"盖取诸《离》的小注为"两目相承而丽焉"，"盖取诸《益》"的小注为"二体皆木（《益》卦之上风下雷，风有木象。雷有竹苇象)，上入（巽又为入）下动（雷又为动），天下之益，莫大于此。"对"盖取诸《乾》《坤》，"则只注为"《乾》《坤》变化而无为"，不知是指垂衣裳而治讲的，还是指尚《乾》《坤》之象而制衣裳之器讲的，含糊不清。"盖取诸《涣》"的注解为，"木在水上也"。《涣》卦由《巽》《坎》组成，《巽》为木，《坎》为水，有木在水上之象。这又显然有把《涣》卦之象解释为舟楫创制所本。"盖取诸《豫》的小注为"豫备之意"。只是重复原文的意思，注了等于没注。最后一个"盖取诸《夬》"的小注是"明夬之意"。与此类同，注而不释，含糊不清。但总结的注释却说得明白："此第二章言圣人制器尚象之事。"对《系辞》的荒唐说法完全同意。这是一个方面。

但另一方面，朱熹对同一原文却表示出相反的说法。在《朱子语类》卷六十五中，他说："十三盖取诸

《离》者，言结而为罟有《离》之象，非观《离》而有此也"。"把盖取诸《离》"一语解为网象形似《离》象。如此，则结网是一回事，《离》象是一回事，二者之间何来制器尚象的关系？这种注释，完全脱离了原文。原文"以制器者尚其象"的本意是，需要制造器物的，重视其中的卦象。"制器与尚象前后相继的两个动作，密不可分。怎么能解为结网有《离》象而不观《离》象？一方面肯定"十三盖取"为制器尚象之事，一方面又否定观象制器，自相乖违，令人捉摸不定，但如进一步看看朱熹对"易有圣人之首四焉"的注释，便可捉摸到个中的消息。他对那段话并未作具体解释，只作了评论。他说："四者皆变化之道，神之所为者也。"以易道的"变化不测之妙"解释"尚辞、尚变、尚象、尚占"四者，完全是游离原文，文不切题。依据正统的学风，增字解经或减字解经都会伤害经义，是要不得的；而朱熹这种随意解经的办法更会歪曲经义，更要不得。总之，全面看来，朱熹对《系辞上》"君子居则其象"和"以器者尚其象"两象意义不谐的问题，对《系辞下》"仰观俯察"和"制器尚象"及"十三盖取"间的矛盾，乃至"制器尚象"和"十三盖取"同

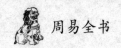

客观实际的乖违，似乎有些觉察。因为观象制器既违反事理，也和自己对《系辞上》第二章"设卦观象"的注释"象者物之似也"（《周易本义》）难以协调。也许为此，他只好采取云山雾罩的办法，以"变化之道，神之所为"来解释辞、变、象、占。这样或可使《易》象脱出制器之小道而隐现其神变之大道。倘若按原文忠实训解，则恐怕不得不将上述《系辞》的有关原文矛盾和不合理处，一一给予揭露，表示疑问，或加辩正。而这或许是理学家朱熹所要避免的窘境。人说宋人治学有疑古精神，但朱熹在这一问题上却未发挥此种精神。

是耶非耶　奇谈怪论

具体说，制器尚象以及十三盖取，合起来构成一个论题，后者为论据。依逻辑规则，如论题概念不实或含糊，或论据不实，不足，则整个论证无效。而制器尚象的论题既不实又含糊（尚象与观象及制器间，关系不明），"十三盖取"的论据又完全不实，且与上文"仰观俯察"矛盾，故而这一整个论证完全无效。限于时代，朱熹未必懂此逻辑法则，但作为思想家，他当然会推想到不忠于原文的训解与阐释会得到什么后果。故而只好脱离原文，任意发挥。试问：朱氏既已承认"十三盖取皆言制器尚象之事"，为何又说"盖取诸《离》之意为："结绳而为罟，有《离》之意，非观《离》有此也"？也许不这样离文硬解，便不能解除原文的矛盾和不合理之处吧！

"盖取诸《离》"的文意十分清楚，"盖"是"大盖"，"诸"是"之于"的合词，是说"大概取之于《离》卦的形象"。试问："取之于《离》"而"不见《离》"如何可能呢？或者是"非观《离》"，或者是"取之于《离》，"二者非必居其一。亦即：或者是原文错了，或者是朱熹的注释错了，非此即彼，二者不能同时并存。但千余年来《系辞》原文却与朱注同步并存，这也无妨说是易学史上的一件荒唐事。设若允许改正，把"盖取诸《离》"（其他十二个"盖取诸"仿此）改为"《离》盖取诸此"，则可与《易》理、道理及实情完全符合，且可解除与仿物画象之说的矛盾，使前后文意谐和一致。由此，也足见虞翻和朱熹等的上述注释，并未能表达真正的《易》理。虞氏的注解是不计原文义理的是非，硬作象数的推论，朱氏的注释则是脱离原文

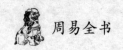

句意，含糊其辞，甚至反其意作解，虽然不能因此而诮之为"小言"，但难免随意解经之弊。

在《周易外传·系辞下》第九章中，王夫之曾对私意解《易》的学风作了批判。有人说："易者，意也。圣人各以其意遇之也。"对此，王氏反驳道：圣人有其意，则后之术数异端者，亦可有其意矣。私意行则小智登，小智登，则小言起。……"指出了"以意解《易》"的恶劣影响，倡导求实的学习态度，很有道理。学《易》者应以此种态度衡量上述虞、朱等人不切实际的注释。

在这段注释问题上，朱传的负面影响也波及后代。例如来之德，在《易经集注·易经字义》中说："（象）其在上古尚此以制器，"意为上古时代，"象"曾被仿而制器，肯定了《系辞》原文之意，而当注解以制器者尚其象时，则说："制器者结绳网罟之类是也，尚象者网罟有《离》之象也。"其中"以"、"尚"字无解，制器与尚象何关，亦无解。是为制器而尚象仿象、还是由所制之器尚象思象？模棱两可。直到开始注释"十三盖取"时，才把话说明。对"盖取诸《离》"，他解曰："离卦中爻为巽，绳之象也。网为佃，罟以渔。《离》

为目，风罟之两目相承者似之"（这类似虞解）。"盖取诸《离》者，言绳为网罟，有《离》象，非者见《离》而始有此也。"（这类似朱注）显然，这是继承古说，归纳虞朱之意为己说，并未从原文中发现问题，亦无创见。而尤其令人莫解的是，接下去他又说："自此至结绳而治（指十三盖取），有取诸卦象者，有取诸卦义者。"意为有的制器取之于卦的形象（如网罟取之于《离》），有的取之于卦的意义（如书契取之于《夬》）。如此说来，某器取之于某卦的"取之于"，究竟为何意？按字词义训解，无论是取象也罢，或取义也罢，意思都应是从某卦中得到某种启示而后制造某种器物，而绝不会是制造了某种器物而后从某卦中得到某种启示。因为原文文意很清楚，"以制器者尚其象"是说，某器取诸某卦，而非某器形似某卦。"取之于"和"象似"焉能混为一谈！看起来，擅长深思精解的来之德受朱熹影响，一则自语相违，含糊不清，一则犯了脱文解经的弊病。

陈梦雷的《周易浅述》晓畅明白，时有精辟见解，但在这一问题上也是重蹈了前人昧于圣言，不求甚解，以致脱文意释的覆辙。他的"浅述"，可分为上下二层，上层说《离》有二义：曰象曰理。理谓丽也，禽兽鱼鳖丽乎网罟也。象谓虚中，网罟之目虚也，对《离》义的分析具体而清晰。是对的。下层说："取之《离》者，言为网罟有《离》之象，非睹离乃有此也。"重复朱、来的办法，脱离原文的字义，以意解《易》，是不对的。同时，他也和虞、朱、来一样，对于原文进行推敲，未能明确指出原文的前后相违和于事不符的疑点。原文明明说制网罟"盖取诸《离》"，何以避此不解，而另以私意谓之"非睹离而有此"呢？如此造作，难免有为原文开脱文责之嫌。在这一问题上，当代一些易学家的态度却于上述一些古人有所不同，不是继承传统的旧说，照原文的样子将错就错，含糊注释或离文意释，为原文开脱，而是在译出原文之后，能够对其不实之弊予以指摘。如，有的说："……第二章主要论述包羲氏始作八卦，后世圣人观象制器物。此均属《易传》作者猜测附会之辞，不完全符合历史实际。重点在于阐发"制器者尚其象"（《周易大传新注》）。有的说："案，罗网的制作，未必取法于《离》卦，但由于卦象与物象有相符之处，故《系辞传》作此猜测。以下明'盖取诸'十三卦的卦象，均仿此"（《周易译注》）。有的说："（在译

解'盖取诸《离》'之后）以下说明卦与物的相关性，
相当牵强附会"（《易经今译》）。还有的说："《易》之
象来自于实际器物，不是实际器物仿《易》象而作"
（《周易全解》），等等。都对《系辞》原文做了批评。

但另一方面，其中有的态度并不坚决。如《周易译
注》一壁说"十三盖取"为"猜测"，一壁又引用《周
易口义》所说："'盖者疑之之辞也。'""盖圣人作事立
器，自然符合于此之卦象也，非准拟此卦然后成之，故
曰："盖取之诸《离》"。只释"盖"，不释"取诸"，又
陷入旧注的窠臼，离开原文，为作者辩解，令人有模棱
两可之感。《易经今译》的作法也有些类似。一方面批
评原文相当牵强附会，一面又为之开脱说："这不是说
由卦创造出物，而是说《易经》抽象的象征性，优先于
具体的器物。"这同原文"制器尚象"和"盖取诸"的
文义大相乖离。前言难搭后语，令人费解。在这一点
上，《周易全解》的态度却是明朗而坚决的。不但据理
驳斥了"以制器者尚其象"的不实，又进一步认为它可
能是"后世窜入"的，不是《系辞》原文，从而连带
地对《系辞下》第二章，从开始到"十三盖取"完了，
表示"不可信据"，全面否定，不予解释。它认为《系

辞上》"以制器者尚其象"这一句与《系辞下》的"作结绳以为网罟，以佃为渔，盖取诸《离》云云，疑出自一人之手，很可能是后世窜入的。"从而持有去伪存真，予以剔除的态度。

此外，佛家的《方山易》学在这个问题上反倒采取了坚决驳斥的态度。对《系辞》宣扬的"十三个"制器尚象事例，本光法师迎头批驳说：

"以上列举人们生产、生活、战争必用的工具器物，表达思想的语言文字，都归结到取法《易》的卦象，才能创制发明事物之象。此等皆有牵强之嫌，实不足取。"（《禅与易·周易禅观顿悟指要》）

的确如此，《系辞》制器尚象的"十三盖取"，实属牵强附会，实不足取。

对《系辞》这部分原文的注释，大约有以上这些类别。其中《周易全解》以明朗的态度定原文内容不切实际，是最正确的。但只根据内容的不切实际而对原文作为《系辞》一部分的真实性，简单地予以否定，却令人感到论据不足。其不实之弊，是缘于错记，错简，错字，窜入还是由于其他行文问题或思想内容问题，以致如此，恐怕还需深入考察、探索与研究，才有可能弄清真象，得出合理的结论。尤其重要的问题是，所谓"圣人之道"，也便是《易》之道，"圣人之道四"，也是《易》之道四，都是辞、变、象、占。来之德说得好："易之为道不过辞、变、象、占四者而已"（《易经注解》）。辞、变、象、占四者为周易的四大内容，并列言之，缺一不可。倘若认定"以制器者尚其象"一句为伪而除掉之，则辞、变、占顿成为无根之木，而陷于萎顿，成为无源之水而趋于干枯。因为，如前文所述，《易》者象也，《易》生于象，《易》之精神与躯体皆是象，卦、爻、数、序无一非象，有象而后有辞，辞生于象。《易》之变亦即象变，卦变、爻变、序变，都是表现为象变，占亦如此，占始于数，成于卦，变于爻，定于断，处处离不开象。象是周易四大内容的根基，不可或缺。——当然，谈到"《易》之道四"时，象之外的辞、变、占也缺一不可。因此，设若断定"以制器者尚其象"一句为伪而去掉之，则其他三句也立即动摇，整个"圣人之道四"一大句，无以成立，便难以处理了。所以，断言其为"窜入"之后，必有以代之，而后始可考虑抽掉。但这是题外之话，留待将来再议。

此处要说的是，上举各种古今注释对《系辞》原文

（从观象、尚象、仰观俯察到十三盖取）中尚象之"象"与观象之"象"应是同一序列，制器尚象以及"十三盖取"与"仰观俯察"以取象（"易者象也，象也者像也"）之间的矛盾等问题，都未触及。这不能不说是一个缺憾。当然，事隔二千余年，《系辞》的原始面目究竟如何，有无误记、错简或窜入，无从考定。但作为问题，先从原文内容的逻辑性（包括名实关系）上加以探讨，还是可能的，必要的。

合理调改

依据《系辞》上下全文的思想和基本概念，从理论的逻辑性来作考察时，如果对上述有关原文的文理脉络，试作如下调改，则可顺理成章，珠联璧合："君子居则观其象而玩其辞，动则观其变而玩其占。"（《系辞上》二章）"《易》有圣人之道四焉：以言者尚其辞，以动者尚其变，以观者尚其象，以卜筮者尚其占。"（将"以制器者"改为"观"，以与第二章之"观其象"相应《系辞上》十章）

"古者包羲氏之王天下也，仰则观象于天，俯则观法于地，观鸟兽之文与地之宜。近取诸身，远取诸物，于是始作八卦，以通神明之德，以类万物之情。作结绳而为罔罟，以佃以鱼，《离》盖取诸此。"（以下"十三盖取"皆仿此拟改）

"是故易者像也，象也者像也"（《系辞下》二章）。译成今语，会显得更明白：

君子平居静处时，便观察周易的象，并捉摸它的文辞，有所行动时便观察周易的变化而捉摸它的占断。

周易具有四个圣人之道：需要议论时，重视它的文辞；需要行动时，重视它的变化；需要观察时，重视它的形象；需要卜筮时，重视它的占断。

古时包羲氏主治天下时，举首观察天间的各种形象，俯身观察大地的各种形态，观察鸟兽皮毛的文彩以及适应地性而生长的花草树木的各种情况；就近则汲取人身的一些形状，远处则汲取各种器物的形态，于是绘制成八卦，用以表达大自然阴阳变化神奇明慧的特性，而将万物的情态归类象征。

（进而）包羲氏又发明了结绳作罔，打猎捕鱼。（罔目连结而使猎物附着），《离》卦大概是取象于此而画成的吧。

周易全书

（以下"十三盖取"译文仿此，略。）

所以说，《易》就是"象"。"象"是什么？"象"就是近似事物的形象。

当然，经过上述这样的拟改和疏通，人们会十分清楚地看到，《系辞》的基本思想应该是观器（"形而下"的器）制象而非观象制器。这一点，其实《系辞》一开始已说的很明白，"天尊地卑，《乾》《坤》定矣。"《乾》《坤》二卦（二象）为"《易》之蕴"，是仿天地情况而画成的。后文又说"崇效天，卑法地"，把《易》象源于摹仿外物的观点，表述得十分清楚。这一基本观点，为全文的主旨所在，贯通前后，并无改变。这样看来，制器尚象以及"十三盖取"的说法，和《系辞》的基本思想完全相悖。可以断言，它不是《系辞》内容的合理的组成部分。大体上《系辞》记录了孔子讲解周易的言论和思想，以他的智力和求实精神，绝不会讲出"制器尚象"和"十三盖取"之类既与自己基本观点矛盾，又与实际不符的荒唐言论。况且，孔子向来"慎于言"，虽身处春秋末季，较汉代距周初近得多，但对周易的作者是谁，他始终不肯说清。只说《易》之兴起，大约在"殷之末世，周之盛德。"可见，

54

孔子发表言论，如何讲求分寸。由此观之，上述《系辞》中的不合理言论，断非来自孔子。致于好端端的一篇发掘与阐扬周易哲理的《系辞》，何以出现这样的奇谈怪论，以及何以二千年来对此尚未见全面彻底的揭露与分析探讨，却是一个难解的疑问，需要今后进一步研究解决。

第八篇　囫囵吞《易》

难解的"利见大人"

解《易》唯，读《易》亦难。所谓解《易》，是说对《易》的内容（义理、象数）的动静两态有较为透彻的认识；而读《易》则是指首先把《易》的文字看明白。当然过不了读《易》的难关，也就不会突破解

《易》的难关。

周易的经文，不是常规的语言，不是雅言、俗语或方言。它是一种含有神秘性的特殊语言，即所谓隐语、喻言、寓言，再加上卜筮用的特定术语，是混合而成的不受字句常规拘束的一种含有许多潜在语言的模糊语言。这种语言的天生的含糊性和歧义性，给读《易》解《易》带来了极大的、举步维艰的、甚至无法克服的困难。这也是三千年来众多易学家在大多数问题上争论不休而莫衷一是的重要原因。为此，长期研读周易的同道们都会有一种共感，即许多问题难以弄个水落石出，只好囫囵吞之。

下面仅就几个文字上的枝节难点，谈谈自己学《易》的感受。

在周易中，"利见大人"文句共出现七次。《乾》卦二次，《讼》卦一次，《蹇》卦二次，《萃》卦一次，《巽》卦一次。在六四卦的卦辞爻辞中虽用得那么频繁，但就文句的定型性及使用情况来看，它应该说是属于占筮的套语（虽然其级别次于吉、凶、悔、吝、无咎等），和"利涉大川"似乎属于同一档次。由于它便于表达所谓时来运转、贵人相助等意义，故而随着占卜象数的发展变迁，它并未被淘汰（例如悔、吝之类），而是一直生存下来。今天庙里的签语或坊间的卜辞中仍然时常可以见到它的踪影。在今天的占卜中，这个短句很容易懂，无非是宜于晋见有钱有势的人物之意，并没有什么歧义。但二千年前周易中的"利见大人"，就不这么简单地一目了然了。这里，让我们从辞句两个方面对它试作探讨。

世界上的任何语言，凡是句子，除了借环境之助和习惯之力而造成的无主句、独词句之外，就大体来说，都要有主语和谓语。因为无主语则不知何者为句子的主体，无谓语则不知主体何所云，这是尽人皆知的常识。但另一方面，各种语言有各种语言的特性，中国的汉语在句子结构上相当松动和灵活，不象印欧曲折语那样，句子关系相当严密。所以，比较起来，例如英语，省略主语的句子是非常稀少的。不少句子，如"哪里去?""回家"之类的对话，在汉语极普通，极自然；而在英语里，如果没有你（们）、我（们）这类主语，就不成话了。——即便二人对面不会误解也不成。

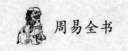

是谁"利见大人"

当我们读到周易中"利见大人"的句子时，自然要考虑一下它的主语是什么，亦即利见大人者是谁。在七次出现的"利见大人"句中，在主语问题上，《乾》卦的情况比较典型。下面，我们著重谈谈它的"利见大人"问题。

众所周知，《乾》卦是周易的第一卦，它以刚健之德，开宗明义。它取象于龙，以一条龙在六种时位（局势）中的处境与行为表述对象（三爻的情形特殊，详后），形成龙的潜（初爻）见（二爻）乾乾（三爻）跃（四爻）飞（五爻）亢（上爻）六种形态。在二爻与五爻的爻辞中出现了"利见大人"。

二爻：见龙在田，利见大人。

五爻：飞龙在天，利见大人。

见龙在田的意思是，一条龙出现在大地上。其中的见字，先秦时代有见现二义，在此读为现（现字的出现，在汉代以后），此点诸家认同，并无异议。但利见大人的主语，却说法不一，迄无共识。列举一下，有下列不同的说法。

（一）同后代相比，离周初较近的孔子在《文言》中解释说：

"龙，德而正中者也。庸言之信，庸行之谨，闲邪存其诚，善世而不伐，德博而化。《易》曰：见龙在田，利见大人，君德也。"

意思是，九二爻刚健又居于下卦的中间，与龙的中正之德性相仿佛。（在周易中，"中"虽不正亦正）。虽非君位（五爻为君位），却具有君主之广博而真善的德性，是赋有君德而不在其位的大人。显然，孔子认为"利见大人"的大人，就是指二爻而言。那么，是谁利于见到这位大人呢？孔子没有说明，但暗含之意是说，天下人民得见如此伟人是有利的。后代许多易家都遵循孔子这一学说。例如晋时王弼所说"（九二）"德施周普，居中不偏，虽非君位，君之德也。利见大人，惟二五焉"（王注《周易》）。宋代程颐所说"（九二）出见于地上，其德已著，舜之田渔时也"。唐人孔颖达所说："九二有人君之德，所以称大人"，朱熹所说："（九二）盖亦在下之大人也"，等等，都是因袭孔说，并无新意。而究竟是谁利见九二这位大人呢？利见大人的主语是什么? 几个大易学家, 并未明确触及。但今人金景芳在《周易全解》中却发挥孔子的学说, 进一步阐明了这一点。他说: "(九二) 这位有大德的人既已出世, 其思想必将泽及于天下, 天下人都高兴见到它, 故曰: 利见大人。" 但这个 "天下人" 的主语属于潜在语言, 令人捉摸不定, 需要猜测。

(二)《乾》卦九二九五都有大人, 一个在下, 一个在上, 一个无位, 一个在位。利见大人是说九二利见九五之大人, 以九二爻为利见大人的主语。汉代的经师郑康成即持此说 (见孙星衍《周易集解》)。清代易学家朱骏声在《六十四卦经解》中也说过: "大人谓五, 九二利见之", 汉代的向秀也曾解释说: "圣人在位, 谓之大人", 把九二之在野者排除于大人之外。即是说, 九二利于见九五之大人。明代易学家来之德认为, 二爻五爻都处于上下卦之中, 于天地人三才而论, 是在人位, 都得称大人。他说: "利见大人者, 利见九五之君以行其道也" (《易经集注》)。把利见大人解释为: 九二以龙德出现于大地, 利于晋见九五在位的大人, 以便借其权力施展自己的政治抱负。如此等等, 都是把九二视为利见大人的主语。译成今天的口语便成为: "九二爻（仿佛）一条龙出现在大地上，它利于会见（九五爻高位的）大人，（以施展抱负）。"

单从文法上讲，承前省略主语的解法较之第一种以推想的"天下人"为略掉的主语的解法，更合乎文理。但一些易家并不这么看。如清末易家丁寿昌在《读易会通》中就反驳说："案程传（指程颐《易传》）谓九二利见九五之大人。案《文言》以九二利见大人为为君德，无利见九五之义。"这仍是依据上述孔子易传的观点，并无新的见解，并未解决是谁利见大人的问题。丁寿昌继而又引苏蒿坪所说"易以阳为大，阴为小，二五以龙德居上下之中，故皆有大人之象"。这段引语只是解释谁是大人，也未触及谁利见大人。以此，我们可以说丁寿昌只对"利见大人"爻辞表明了一半看法，而却躲开了另一半。

（三）还有一种观点，把九二爻辞的两个见字都看成现字。如今人所著《周易译注》对乾卦九二爻辞是这样翻译的：

"九二，巨龙出现田间，利于出现大人。"

第一个见字读为现，意为出现，自古皆然，从无异议。第二个见字视为现字，于义是否合适，姑且不论。

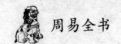

总之，即便如此处理，"利见大人"仍然是个缺少主体的谓语句，意义和结构均不完整。看了这句译文，人们不免要问：是什么地方利于出现大人？是世间？还是民众中？读来读去，总感到意思欠缺。

（四）此外，还有一种纯属占筮的观点，即把占得九二爻的占者，看作九二爻。来之德在《易经集注》中就作了这样的解释。他说：

"九二以阳刚中正之德，当出潜离隐之时而上应九五之君，故有此象，而其占则利见大人也。占者有是德，方应是占矣。"

意思很清楚：占者如有大人之德，即应利见大人之占，而亨其利。这样一来，利见大人的主语就不是上述第一种说法的所谓"天下人"，也不是第二种说法的九二爻这个大人的本身，更不是第三种所含糊意味着的"某某处"，而直接了当地就是指，谁问卦谁就利见大人。来之德更具体说：

"如仕进则利见君。如杂占，则即今占卜利见贵人之类。"

今天，一般市井间的占卜，其占辞中仍偶有利见大人字样，最多的是"利见贵人"。不管是大人还是贵人，当然都是以占者为主语，众所公认，并不存在歧见，和二千年来诸家对周易利见大人的纷歧解说，迥乎不同。

（五）最后，在上述四种说法之外，还有另一种含糊其辞的说法。那就是清代皇家经师陈梦雷在《周易浅述》中对乾卦九二爻辞的"浅述"。他的说法相当有趣，他说：

"（九二爻）虽非君位，而在下卦之'中'，有君之德，故有大人象。泽能及物，故有物所利见之象。"

这段话，是以"物"为利见大人的主语，实质上和上述第一种说法的"天下人"是一致的。物即是人们之意。接下去他又阐述说：

"占者得此，则利见此人。"

这是说，占者如占到《乾》卦九二爻，则占者就是利见大人的主语，而非以泛泛的物（天下人）为主语。换言之，亦即天下人中的任何人，占问时都可能成为利见大人的主体。下面，他又发挥此义说：

"若占者有见龙之德，则可以得君行道，利见九五之大人矣。"

说来说去，又跑了题，陷入了自违和两歧。前边才说完"物"或"物中之占者"利见九二之大人，又转

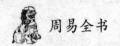
过来说占者如有九二之德，则利见九五之大人。模棱两可，左右逢源，使读者捉摸不定，莫明其妙。

综上所述，可见"利见大人"云者，虽是小小问题，貌似简单，但这四个字的短句的内涵与结构，虽经过二千年的岁月，也尚未探讨清楚，达到共识。由此足见易经读解之难，真可谓难于上青天。

对这一个小小问题，经过深入的思考，本人对上述几种见解都感到不太满意。作为读易心得，本人提出另一种看法：既然《乾》卦所取的比喻形象是一条龙在不同的六种局势（时位）中所应有的态度和由低到高的发展过程，而不是六条龙的六种处境与态度，所以对六爻的爻辞必须有统一的解释，不能分割。原文的潜、现、乾、跃、飞、亢六个字，鲜明地表现出龙的发展过程的一贯性（三爻为人位，以君子代龙问题，当另文论述）。因此，不能由于二五两爻均有"利见大人"字样，就把它们看作同时存在的两个大人，这是和龙之发展形象相矛盾的。据此，本文认为九二爻辞的两个见，都应读现，是出现与表现之意。原文可译为今语如下：

"九二爻好比一条龙出现在田野上，它利于表现出大人的德行。"

这样，前后两句俱以九二爻为主语，不仅句子结构完整、自然，而且与爻义贴合。因为，潜龙始现，发展的时机尚未成熟（孔子所谓"时会也"），需要以大德在基层民众中为自己建立声誉，为今后的发展打基础，所以最有利的办法就是在社会上表现自己的德行。这在描述龙的发展阶段的情态上，比较上述几种说法，更为顺理成章。

谁是九五爻中的大人

关于《乾》卦爻辞的主语，不仅九二爻有问题，九五爻也有。从古迄今，同样是说法不一。

还是首先看孔子的传解。他在《文言》中说：

"同声相应，同气相求，水流湿，火就燥，云从龙，风从虎，圣人作而万物觌，本乎天者亲上，本乎地者亲下，则各从其类也。"

对这段话，唐人孔颖达解释得很明白，他在《周易正义》里说：

（九五曰）飞龙在天者，言天能广感众物，众物应之，所以利见大人。因大人与众物感应，故广陈众物相

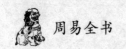

感，应以明圣人之作而万物瞻觐以结之也。……圣人作则飞龙在天也，万物觐则利见大人也。……则各从其类者，言天地之间，共相感应，各从其气类。"

大意是说，九五爻仿佛飞龙在天，其大德广感众人，众人则瞻仰其大人的圣容。这种景况，与红楼梦里所说"天上一轮才捧出，人间万姓仰头看"的境界颇相类似。按此见解，则《乾》卦九五爻辞可以译为：

"九五爻仿佛一条龙飞在天上，天下民众利于瞻仰这一大人的圣容。"继承上述前人的说法，今人金景芳乃以现代语言作了明确的解说和发挥：

"九五德高位亦高，刚健中正纯粹，已进入圣人的境界。圣人是君子大人中最高明最伟大的，他的修养、智慧、能力和地位，足以对任何困难都应付自如，犹如龙飞天上，圣洁高贵，腾越自由，以至于云雷风雨交集而下，天下感受其利。这样的大人是天下所利见的。"（《周易全解》）

在这里，九五爻利见大人的主语由"万物"、"众物"变成了"天下人"，字面不同，意思无别。

其实，这种解法一直在易学史上占主要地位。如汉代的虞翻说，"飞龙在天，天下之所利见也"，干宝说：

"五在天位，故曰飞龙，此武王克纣正位之爻也，圣功既就，万物既覩，故曰利见大人矣。"（转引自孙星衍《周易集解》）王弼继而重复解说："以至德而处圣位，万物之覩，不亦宜乎！"（同上），等等。

但到了宋代，易家却起了纷争。程颐一反孔子的传解，认为九五之利见大人，意为九五利见在下之大人，即利见九二（二五相应）。但朱熹却反对这种说法。《读易会通》案语云："案程传谓九五利见在下之大人，谓九二也。《本义》（朱熹著）不从，以为在上之大人，与注疏合。"所谓与注疏合，即朱熹的看法与传统的说法相同，仍是以天下人为主语，认为天下人瞻仰九五位之大人。

利见大人的主语确成问题，在历史上曾引起怀疑和烦。据《朱子语类》记载，宋太祖赵匡胤就曾对《乾》卦九五爻之利见大人产生了疑问。他的疑问是，九五爻是君位，飞龙在天当然指天子，如利见大人是指天子而利于众人仰瞻，那么一般人占得此卦此爻，该如何解释？他对大臣王昭素提出了这个问题。王昭素临机应变，婉转地答说："若臣等占得此卦，陛上是飞龙，臣等是利见大人"（见《朱子语类》）。这个回答，使宋太祖龙心大悦。可

是,这个回答虽很机灵,却是个生硬的诡辩。因为无论就周易的内容或筮法来说,把《乾》卦九五爻辞中的飞龙在天限定为皇帝的代名词和专利品,是没有道理的。试问,如果问卦者占得初爻"潜龙勿用"时,又该怎样解释龙与自己的关系呢?所以,实质上这个答语只不过是一个阿谀奉承的转换概念的诡辩而已。但它却得到了理学大师朱熹的赞扬,说:"此说得最好。"理由是:"易之用所以不穷也。"意思是说,王昭素的答语表现出周易的无穷的妙用,可以随机应变,变化无穷。这是依孔子所谓"不可为典要,唯变所适"的观点所作出的庸俗的解释,并不合乎周易"洁静精微"的性格。

但是,不管怎么说,由此也可见利见大人的主语问题,是个 烦事,绝不象想象的那么简单。使用传统注释惯用的囫囵法或迥避法,是无济于事的。

八面玲珑的观点

对这个问题,来之德的态度很奇怪,他采取了两面见光的综合法,企图无漏洞地予以解决。他在解释"九五爻"时一方面说,"五,天位,龙飞于天之象也,占法与九二同者，二五皆中位，特分上下耳。利见大人，如尧之见舜，高宗之见傅说是也。下如沛公之见张良，昭烈之见孔明，亦庶几近之。……九五刚健中正，以圣人之德，居天子之位，而下应九二，故其象占如此。"（《易经集注》）

这是说明九五之利见大人是利见九二，以上见下。如此则九五之利见大人是以九五为主语。但另一方面，他在解说孔子《文言》的九五爻时又变了说法。他说：

"惟圣人以圣人之德，居天子之位，则三才之主，万物之天地矣。是以，天下万民莫不瞻仰其德而快覩其光，……阳从其阳，故君子与君子同类而相亲；阴从其阴，故小人与小人同类而相亲，然则以九五之德位，岂不利见同类之大人，所以利见者以此。"

在这段释语中，来氏又反过来因袭孔子所谓"圣人作而万物覩"的观点，把九五的利见大人说成以下见上，形成自语相违。但跟着又依据《文言》"同类相亲"的观点，再反过来说九五也利见在下的同类大人。说来说去，等于说上下大人互相看（二、五相应）。如此左右逢源的结果，只得说，九五爻利见大人的主语既是九五爻自身，又是九二爻，同时也是天下人。这是

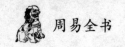

"三面见光"的说法。

　　这种圆滑的解法，虽有背文理，但传统上却颇受欢迎。宋代的程颐即是如此，明代的来之德不过袭用其说而已。程颐在解释九二爻时，一方面说："以圣人言之，舜之田渔时也。利见大德之君，以行其道。"同时又说："君亦利见大德之臣，以共成其功，天下利见大德之人，以被其泽。""利见大人"的主语忽而为九二，忽而为九五（君），忽而又为天下人。一句三变，令人难以捉摸。他在解释九五爻之"利见大人"时，也持这种两可态度。明代的来之德之后，清代的陈梦雷也承袭这种观点。他说："二与五皆刚健中正，而五居尊位，以圣人之德，居天子之位，故万人乐得而见之。……然使有德位者占此，则所利见者，九二在下之大人，如尧之得舜可也"（《周易浅述》）。三人的说法虽小有不同，而大体类似。其主语之解，皆飘忽不定。

　　除上述外，还有另种处理方式。如《周易译注》，把九五爻辞译为："巨龙高飞上天，利于出现大人。"读见为现。《周易大传新注》也如此，它在解释象辞"飞龙在天，大人造也"时说："孔颖达'造，为也。'见读现。……龙跃起而飞上了天，这一物象比喻乾阳已发展到了鼎盛时期。如就人事讲，这又反映了正是大德大才之人登上了高位的大有作为之时。"和《译注》的说法，内容相同，都把"利见大人"解作"利于出现大人。"这种解法，虽非传统的主要解法，但不失为另一种处理方式。只是这样一来，利见大人的主语倒底是什么呢？应该怎样表述才好呢？恐怕只好以"此时""天下"之类为主语，比如译成"此时利于出现大人"或"此时，天下利于出现大人"，等等。但这种解法，却不免有把大人同九五爻分开之嫌，同一九五爻，仍不免变换主语。

经过反复思量，本文认为对九五的"利见大人，"也无妨以对九二的"利见大人"同样办法，加以诠释，译作：

"九五仿佛一条龙飞在天上，它利于表现出大人的德行。"

但这样一来，"利见大人"的主语固然形式上可以统一，但总有削足适履之感，不大自然。也许，周易义理的渊奥非科学语言之可存储，必须依赖模糊语言为其神秘的外衣。在这方面孔子的体会很深，他说周易"其称名也小，其取类也大。其旨远，其辞文。其言曲而

71

中，其事肆而隐"（《系辞下》六章）。若想达到这一高深地步，正常的表达方式是无济于事的。只有充分发挥古汉语的高度灵活性与多义性，才能成功。"利见大人"句也许正是这种灵活性与多义性的表现。

程颐于此，则走得更远。他感叹说："虽然，《易》之有卦，易之已形者也，卦之有爻，卦之已见者也。已形者可以言知，未形者不可以名求。则所谓《易》者，果何如哉？此学者之所当知也"（《易序》）。按此观点，也许"利见大人"句是《易》爻辞之"已形者"，其主语则是不可以名求的"未形者"。这样一来，对其主语的追求，便成为不谙易道的表现。

但话又说回来了，读书不得其解，不能谓读懂，终是憾事。怎么办好呢？恐怕也只好借助王弼的名言：

"言者所以明象，得象而忘言。象者所以存意，得意而忘象。……得意在忘象，得象在忘言。"（《明象》）

"得"之在心，"忘"之在外，——囫囵吞《易》者，此之谓也。

司马迁在《史记·司马相如传》里对周易的语言风格作了如下的评论，他说："《易》本隐之以显。"以今天的话来解释，意思是说周易根本上就是以模糊的隐语来显露自己的涵义。司马迁说的很对，周易的语言风格就是如此。不仅个别爻辞、句式如此，全卦也是这种情况。《临》卦即其中较为显著的一卦。

由于卦辞爻辞本身具有深奥的道理和含糊的语言，故而自古以来易学界对它的解释，也便出现分歧，难以统一。这里，仅就下列一些说法，说说本人的意见。

（一）以孔传为基础的观点；

（二）今人高亨的观点；

（三）今人李镜池的观点；

（四）今人闻一多的观点。

下面，分头作简单的介绍、分析，然后申述一下本文的看法。

孔传及以孔传为本的观点

《临》卦☷的卦辞是："临，元亨利贞，至于八月有凶。"

在彖辞中，孔子对《临》卦的卦名、卦体、卦德从整体上作了这样的解释：

"《临》，刚浸而长，说而顺，刚中而应。大亨以正，天之道也。"

意思是说，《临》是临监之意，它表示此时初二爻所代表的阳气日渐增长，有上逼四阴之势。而下体表现欣悦，上体表现顺从。欣悦表示阳气上进的心情，顺从表示阴气后退的态度，阳长阴消，并无乖违。同时，九二爻以阳刚之质居中不偏，能与上体居中的九五阴爻互相应合，阴阳合德，利于监临。这是一种大为亨通而利于守正的局面，是合乎大自然的运行规律的。

承袭孔子的象辞，王弼注释说："阳转浸长，阴道日消，君子日长，小人日忧，大亨以正之义"（《周易》王注）。基本上未越出孔传之意，尚不及孔传详细。孔颖达的注解则是："以阳之浸长，其德壮大，可以监临于下，故曰《临》也。刚既浸长，说而且顺，又以刚居中，有应于外，大得亨通而利正也。故曰元亨利贞也"（《周易正义》）。大体上仍是依据象辞而作的解说。程颐所谓"化育之功所以不息者，刚正和顺而已，以此临人临事临天下，莫不大亨而得正也"（《易传》）。还是孔子象辞精神的延长。对孔子象辞的精神体会得最好的，恐怕非来之德莫属。他说："浸者渐也，言自

《复》一阳生至《临》，则阳之进也，不逼；顺，则阴之从也，不逆。刚中而应者，九二刚中应乎六五之柔中也。言虽刚浸长逼迫乎阴，然非倚刚之强暴而逼迫也。乃彼此和顺相应也。此言《临》有此善也。刚浸长而悦顺者，大亨也。刚中而应柔者，以正也。天之道者，天道之自然也。言天道阳长阴消，原是如此，大亨以正也"（《易经集注》）。这样，他依孔传作了深入一步的解说。

接下来，在象辞中孔子又针对卦象结构进一步阐释《临》卦的义理，说：

"泽上有地，　《临》。君子以教思无穷，容保民无疆。"

意思是，《临》卦的结构是泽（兑）上有地（坤）。意味着"泽卑地高，高下相临"（孔星衍《周易集解》引荀爽曰），居上而监其下。君子从此卦的卦象中悟出，居上临下时，应效法此卦的精神，像地容泽、泽润地那样，相临相亲，教化民众，思念民众而无尽无休，如广大的《坤》地那样，保民容民，而永无止境。

对这段象辞，王弼认为，君子所以能从《临》卦卦象中悟出"教思无穷，容保民无疆"，是由于卦中表现出，"相临之道，莫名说（悦）顺也，不恃威制，得物之诚，故物无违也"（《周易》王注）。他着重从孔传中汲取的是，监临之道在于上下顺悦，而不在于强制与暴压。孔颖达讲解说："泽上有地者，欲见地临于泽，在上临下之义。君子以教思无穷者，君子于此临卦之时，其下莫不喜悦和顺，在上但须教化思念无穷已也，欲使教恒不绝也。容保民无疆者，容谓容受也。保安其民，无有疆境，象地之阔远，故云无疆也"（《周易正义》）。朱熹解释说："地临于泽，上临下也……，教之无穷者《兑》（口）也，容之无疆者《坤》（地）也"（《周易本义》）。来之德的注释是："教者，劳来匡直之谓也，思者，教之至诚恻怛，出于心思也。无穷者教之心思不至厌斁而穷尽也。容者，民皆在统驭中也。保者，民皆得其所也。无疆者，无疆域之限也。无穷，与《兑》泽同其渊深。无疆，与《坤》土同其博大。二者皆临民之事，故君子观临民之象以之"（《周易集注》）。陈梦雷的说明是："不曰地下有泽，而曰泽上有地，主泽之二阳而言也。地临于泽，上临下也。……教思无穷，泽润地之象也。容保民无疆，地容泽之象也。不徒曰教，而曰教思，其意念如泽之深。不徒曰保，其度量如地之

广。"（《周易浅述》）

好了，无需再引。历代易家之佼佼者，就是这样继承孔子易传的观点而加上自己的解说，虽然文辞不同，细微的差异也有，但基本上并未脱离孔传的窠臼。其要点有三：（一）临卦是表示阳长阴消的卦。（二）阳悦阴顺，阴阳合德，以进行监临。（三）上以德政临下，竭尽关怀教化之能事。

简言之，以孔传为依据，在传统易学中占主要地位的观点，就是《临》卦是关于政治统治的卦，而实行仁政是监临的中心思想。

另外，关于卦辞中的"至于八月有凶"，孔传认为其含意是"消不久也"，亦即此时此际《临》卦中二阳方进方兴，阴正方消方退；但物极必反，不久的将来，阳气必将消退，阴气必将长进。应该早为之备，以免受害。这是一种所谓警戒之辞。"八月"有好几种说法，主要的说法是，从相当于十一月一阳生的《复》卦算起，算到翌年六月二阴生的《遁》卦建未之月，共八个月。《临》卦是二阳生，《遁》卦是二阴生，由阳盛变为阴盛，阳消阴长，按周易阴阳消长的理论来说，当然有凶。为了保持中道以避凶，故而卦辞的作者提出"至

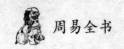

于八月有凶"的警戒。后代多数易学家对孔传"消不久"的解说，均无异议，只是具体内容的说法，有所不同而已。

对于爻辞，孔子也是依据对卦辞解说的精神逐条加以讲评的，内容如下：

初九："咸临贞吉。"对此爻，象传说："咸临贞吉，志行正也。"

汉代易家虞翻解释爻辞说："咸，感也，得正应四，故贞吉也。荀爽对象传解释说：阳始咸升，以刚临柔，得其正位而居是吉，故曰志行正。"（《孙星衍《周易集解》）

意思是说，咸是感应之意，初九以刚居阳位，与上卦以柔处阴位的爻，俱履正位，互相感应。初爻如此，是志行正道。以此态度临物（人与事），自然正直而获吉。

九二爻："感临，吉无不利。"

象传谓：感临吉，无不利，未顺命也。

荀爽注释说："阳咸至二，当升居五，群阴相承，故无不利也"（同上）。程颐解释说："九二与五感应以临下。盖以刚德之长，而又得中，至诚相感，非由顺上

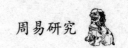

之命也，是以吉而无不利。"（《易传》）

大意可归结为，二五俱居中而上下感应，行中道以临物，不是奉命行事。

（关于"未顺命也"，有几种不同的说法，此处从略。）

六三爻："甘临，位不当也。既怀之，无咎。"

象传："甘临，位不当也。既忧之，咎不长也。"

对此，王弼和程颐的注释合到一起便把文义表现得全面而清楚：

王说："甘者，佞邪说媚，不正之名也。（六三）履非其位，居刚长之世，而以邪说临物，宜其无攸利也。若能尽忧其危，改修其道，刚不害正，故咎不长。"（同上）

程说："三居下之上，临人者也。阴柔而说（悦）体，又处不中正，以甘说临人者也。在上而以甘说临下，失德之甚，无所利也。……邪说由己，能忧而改之。复何咎乎?!"（同上）

简言之，就是居上治下，不能靠花言巧语。若感内疚，则咎误不长。

六四："至临，无咎。"

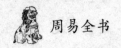

象传说："至临无咎，位当也。"

虞翻说，"至，下也。""至临"，意为六四得正位（柔居阴位）下至初位，与初九阴阳相应，而监临于下，当然没有差错。（同上）

六五："知临，大君之宜，吉。"

象传说："大君之宜，行中之谓也。"

先秦时代，知与智通用。据朱熹《周易本义》解释，这是说，六五爻"以柔居中，下应九二，不自用而用人，乃知（智）之事，而大君之宜，吉之道也。"他和王弼、程颐的看法一样，都认为"选贤任能"是大君君临天下的聪明办法，即所谓执行中道的"知临"。这对于大君来说，是最适宜的治国之道。

上六："敦临，吉，无咎。"

象传说："敦临之吉，志在内也。"

荀爽认为"敦"是敦厚之意（同上）。朱熹解释说："居卦之上，处《临》之终，敦厚于《临》，吉而无咎之道也"（同上）。孔颖达疏通说："志在内者，虽在上卦之极，志意恒在于内之二阳。意在助贤，故得吉也。"（同上）

就是说，上六虽高高在上，但能与下边相应合，尊

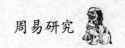

贤取善，这是一种敦厚的监临态度。所以吉而无咎。

总而言之，正如王夫之所说："临者，治也"（《周易外传》）。孔子为临卦作传时，就是象上述这样，认为其意义在于指示临人治国者，要以扶阳抑阴、阴阳合德、守正祛邪、亲临敦厚、关怀教化的态度去施行亲民的仁政。这是孔子对《临》卦的解释，也是其后学者继承和发挥的基础。简言之，也无妨说这是传统的注解。

高氏的说法

在关于《临》卦的众多解释中，今人高亨的说法与众不同。他以文字的训诂和考证为依据，对《临》卦经文和孔传作了阐释。虽未离开孔子的思想范畴，但具有独特性，需要单独提出来加以探讨。

高说的内容，详见《周易杂论》中的《周易卦爻辞的哲学思想》一文。为便于探讨，兹将其简要内容摘录如下：

"卦爻辞里也反映了作者（指易经原作者）的简单的政治观点。《临》卦六爻爻辞是他的政治观点的集中表现：

《初九》：咸临，贞吉。

《九二》：咸临，吉，无不利。

《六三》：甘临，无攸利，既忧之，无咎。

《六四》：至临，无咎。

《六五》：知临，大君之宜，吉。

《上六》：敦临，吉，无咎。

"这六个临字当即《尚书·顾命》'临君周邦'的临。国君统治臣民称临。《六五》指出"知临"是'大君之宜'，当然是指政治，《象》传也认为这一卦是讲政治（原文从略）。因此，我说这一卦反映了作者的政治观点，不为无据。《初九》和《九二》的咸临是个问题。《象》传解释初九的咸临说："志行正也"，解释《九二》的咸临说："未顺命也"。可见两个咸临含义不同。根据《象》传，加以考察，我认为《初九》的咸当读为诚与和同意。诚临是以宽和的政策统治人民。这是对待志行正的人民的政策。作者对此是肯定的。……《九二》的咸……刑杀为咸，（也可能是威字之误）。咸临是以刑杀的手段统治人民。这是对待未顺命的人民的手段。作者对此也是肯定的。《六三》的甘临，我认为甘是严酷之意。忧即《诗经·长发》敷政优优。"的优，也是宽和之意。甘临是以严酷的手段统治人民。作者对此也是反对的。认为改为宽和才可"无咎"。由此可见，作者虽主张采用刑杀，而仍强调宽和。《六四》的至临是亲身管理政治。《六五》的知临是以明察处理政治。《上六》的敦临是以忠诚对待人民。作者对于至临，知临、敦临都是肯定的。总之，作者六临的政治思想是主张实行宽和的政策，也采用刑杀的手段，但反对严酷的统治，并要求统治者明察、忠诚，亲身管理政治。确已抓住重点，可惜语言过于简单，仅仅提出观点，并无理论。"

高氏对临卦爻辞的政治主张作了如此解释之后，又引用孔子"政宽则民慢，慢则纠之以猛；猛则民残，残则济之以宽；宽以济猛，猛以济宽，政是以和"（《左传·昭公十二年》）的观点指出，"诚临与咸临相结合，便是宽猛相济，恩威并用的统治方法。……这是古人自发地提出惠政与刑政达到矛盾统一的朴素的辩证的政治观点。"简言之，高氏完全是以孔子宽猛相济的统治方法的两手策略，对《临》卦的爻辞乃至全卦的主旨作了自己的诠解。

但是，这一诠解却含有一些值得推敲之处。

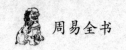

首先，孔子所倡导的恩威并用的统治方法，是以德政为主的。他所说的"为政以德，譬如北辰，居其所而众星共之"，以及"道之以政，齐之以刑，民免而无耻；道之以德，齐之以礼，有耻且格"（《论语·为政》）。这两段话，清楚地表明，在孔子的政治思想中，主体是德治、礼治，刑政只是必不得已的手段。故此，孔子在阅读《临》卦时，从卦辞卦象上体会到两点：一是阳长阴顺，大亨以正，但阴不长消，必有反复。二是当此之际，当政者对人民应教之念之，无有穷尽，容之保之，无有止境。这两点恰恰符合孔子以德治礼治为主的仁政思想。接下来，孔子对《临》卦爻辞的逐一解释，也都是以阳长阴消，教民保民的仁政思想为基础而加以发挥。这里，孔子何以未涉及"齐之以刑"的治术，其原因应该说是在于，在阳浸长而阴顺从的局势下，孔子可能认为厚施德政，疏通民情，防止或缓解阳消阴长之反复，是值得强调与倡导的临民理论。依据这一分析，可以看出，孔子的统治理论，并不是恩威平行，而是以恩为主。同时，孔子在《临》卦的传解中，只强调恩治，并未讲恩威并用。高氏认为《临》卦反映孔子恩威并用的政治理论，是和孔子对《临》卦象辞的内容扞格不入

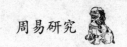

的。一读便知，无需赘述。

其次，高氏的说法是建立在文字训诂的基础上，是从爻辞的字辞诠解中导引出来的，它离开了《临》卦（实际是抛开了或避开了）卦辞的"八月有凶"，以及彖辞和象辞，单就爻辞的字义作出解释和推衍。可谓根据部分而论述整体，是见树木不见森林的论理方法。当然，解释古经时训诂之学是必要的，但离开经文主旨而迷于训诂，则难免坠入歧途。

李氏的说法

前述高亨之说，对阐释临卦大义，虽较之传统的传辞不无新意，但并无大差异。在众多易家诸说中，对《临》卦的诠释真正异军突起，另立别说的，乃是近人李镜池。李氏在《周易探源》中首先开宗明义，指出《临》卦的主旨：

"关于处事，可以《临》卦为例。'临'是临事，即处理事情。"

然后逐爻解释说：

"初二两爻都说'咸临'，'咸'当有不同的意义：

一个是皆、悉义（说文），'咸临'是大家来做。'众擎易举'，大家合力做，没有做不成的事。一个是'诚'的假借，'诚，和也'（说文），平心静气，不急不躁，自会把事办好。'甘'意为美、乐，乐意去做，就能做得成功。但光乐意做还不够，还要细心做，不能粗心大意，所以说：'既忧之，无咎。''既忧之'，等于'临事而惧'。'至临'，'至'，极也，善也。'至临'就是做事要求做到完善。'知临'之知即智，做事要开动脑筋，找窍门，巧干。'知临'等于说'好谋而成。''敦临'之'敦'，即淳，淳朴，忠厚，'敦临'是说做事的态度要老老实实地干。"

对《临》卦各爻辞作了这样解释之后，李氏便对《临》卦的意义和价值，作出了判断，他说：

"周易编者从社会实践中总结出这样的理论，非常宝贵。"

接着，又对超出一般处事范畴的"大君之宜"爻辞，特别补充说：

"至于'大君之宜'，是编者特别提出来有关政治的具体问题。意思是说，大君临民理政特别需要有知慧，以理智来办事。"

如上所引，李氏的说法，是把《临》卦的临字解作临事，对事、办事，把《临》卦的内涵视为办事经验的总结。这是与孔传及其后学众易说之解临为统治、解《临》卦为政治统治（而且是在阳长阴顺的政治局势下）的观点，迥乎不同的。虽然在解释"大君之宜"时，也不得不把一般办事提高到政治问题的高度，但实质仍是解作办事处事的态度与方法。

这种异军突起的《易》说，是否符合周易《临》卦的真义，或者是否为《临》卦义蕴的引申发挥，是令人不得不产生疑问的。

首先，和前述高氏的说法一样，都是脱离《临》卦的卦辞（全卦大义），单就爻辞来作合乎自己创见的解释而建立新说。故而同样也避开了"至于八月有凶"以及阳进阴退的卦义，仍难免断章取义、勉作创见之嫌。

其次，读了李氏解释《临》卦爻解的语言，不禁使人感到一种现代化群众化的办事作风。如"大家来做""不急不躁""乐意去做""细心做""做到完善""开动脑筋、找窍门，巧干""老老实实地干"，等等。从这里，很难嗅到三千年前古代哲人的语言气息和思想韵味。但出现这种情况并不奇怪，因为李氏在同一篇文章

里批驳李景春的观点时，已经表述了自己研究易经的态度。他引用李景春的话，说：

"如李景春先生说：'引伸是对原来事物的引申，发挥是对原来事物的发挥。如果周易不含有哲学思想，那就不能从周易经文中引伸发挥出哲学思想。'"

对此，李镜池坚决反驳说：

"这话是不合逻辑的，时代不同，作者异见，本来没有这种思想，到了另一个时代，就会有这种思想，作者可以根据他的思想来'托古改制'，引伸发挥。既然是'托古'，则古所没有的，他可以说成有，既然是'引申发挥'，则原来没有的思想，又何尝不可以'引申发挥'呢？引伸发挥的只能是引伸发挥者的思想，不能说就是原来事物已经含有。"

看罢这一段话，我们就会对李镜池解释《临》卦时那种以今解古，任意发挥的作法充分理解，而解除了疑问。不过，我们还得认真说一句：李氏这种态度不是研究周易，从中钩玄索隐，而是利用周易，为"我"说话。这是一种牵强附会的主观主义方法，而不是实是求事的科学方法。因此，前述把《临》卦解作办事的学说，用李氏自己的话来说，那只不过是"引申发挥者的

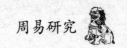

思想"而已，绝不是周易《临》卦的本义。

《临》具《乾》德之说

除了上述几个说法之外，关于《临》卦，还有另一种义理发微。那就是，把《临》卦视为《乾》卦的演变。这个观点来自汉代。汉代易家虞翻、郑康成对此都有阐释。

虞氏说："阳息至二，与《遁》旁通（《临》之错卦为《遁》）。刚浸而长，《乾》来交《坤》，动则成《乾》，故元亨利贞。"

意思是说，《临》卦与《遁》卦阴阳相反，《遁》为二阴长起，《临》为二阳长起，恰好相背。二阳浸长，上交于《坤》（地），再一动，三爻之阴亦变为阳，三阳为天。天即是《乾》，《乾》之德为"元亨利贞"，故而《临》之德亦为"元亨利贞"。这种阐释，是把《临》卦的卦德说成"元、亨、利、贞"四德，和《乾》卦的四德一样，也就是说，《临》卦也赋有《乾》卦同样的"天德"。

郑康成对此说得更清楚，他说："临，大也，阳气

自此浸而长大。阳浸长矣，而有四德，齐功于《乾》，盛之极也。"他认为《临》卦具有与《乾》卦同等的功能。（《孙星衍《周易集解》)

清代学者陈梦雷继承古说解释道："……元亨利贞者《乾》道之变化，阳长之卦。独《临》与《乾》同者，易道贵中，二阳方主于中，《乾》之体用全备于此，故四德咸归之也。"（同上）

陈氏之说，并非新创。只是把上述虞郑之说，和孔子象传之说结合起来，加以阐述而已。他说明《临》卦之所以具有《乾》卦之四德，是由于二爻阳刚为一卦之主，具有乾（阳）的本质和功能，亦即元亨利贞，四德齐备。这段话的内容，可以视为象传所说"刚中而应，大亨以正，天之道也"的延长。

再往下看，还有清末民初的易家杭辛斋对《临》卦德性的进一步发挥。杭氏认为，《临》卦不仅具有《乾》卦的体用，而且具备《乾》《坤》合体的德性。这较之上述说法，又更进一层。

他在《学易笔谈》中以感叹的口气说："惟《泰》《否》之为《乾》《坤》，人易知之，若……《临》卦之为《乾》《坤》，人皆不省也。缘《临》有《坤》而无《乾》，内卦为《兑》，《兑》未可以当《乾》也。不知《临》之初二，皆曰咸临。六（当为四之误）曰至，四（当为五之误）曰大，皆指《乾》《坤》也。《乾》曰咸宁，《坤》曰咸亨……至哉《坤》元，见之《临》之六四。大哉《乾》元，见于《临》之六五。故《临》之一卦，乃天地合德，……实具《乾》《坤》之大用者也。"

杭氏以《临》为《乾》《坤》之合体。理由是，《临》之初二爻皆曰咸临，和象辞之《乾》曰咸宁，《坤》曰咸亨，其"咸"相同，德性如一。《临》之四爻曰至临，五爻曰大君之宜，与《乾象》之大哉《乾》元，《坤象》之至哉《坤》元，性亦相类。据此推断，《临》卦乃具《乾》《坤》并合之体用。

杭氏此说，颇有独到之处。可惜所据理由，极不充足。第一，以《象》辞为据，即以孔子之说为据，而非以《临》卦原文为据。换句话说，并非以第一手资料为依据，恐与探讨对象的本义有出入。第二是不从解释《临》卦爻辞本身出发来寻求爻辞的含义，而是以发掘

《乾》《坤》两卦的彖辞来解释《临》卦的爻辞，其强加于人，断章取义之弊，异常明显。如从五爻的"大君之宣"中摘取一大字，不计至临为何意，而硬与《坤》元之'至哉'相比符，牵强附会，实难令人首肯。因此，杭氏此说实质上并未给《临》卦体用的解释，增添光彩。

闻氏的说法

蔡尚思在《我与中国二十世纪思想文化界》所载《我与中国20世纪》中谈到易学问题。他认为，易学"似可概括为下列各派"：一、尊孔化、尊经化……。二、迷信化……。三、玄学化……。四、烦琐考据化……。五、现代科学化……。六、革命化……。七、辩证法化……。八、百科全书化……。

蔡氏的易学研究派别分类，是否合适，姑置不论。但他所举出的一些周易研究的偏向，却是不容否认的事实，"烦琐考据"即是其中之一。而咬文嚼字以期创新的训诂学派，更是"烦琐考据"当中的明显表现。前述高享、李镜池的《临》卦学说，就有这种表现的迹象，虽然，并不十分典型。

这一派中堪称典型的应推今人闻一多的《周易义证类纂》（《古典新义》之一，见《闻一多全集》卷二）。对《临》卦的一些训诂考证，可见一斑。

闻氏于此处未对《临》卦作全面探索。只是对其中的卦辞以及爻辞中的六三、六四、六五、上六，从文字上作了独具慧眼的训诂考证。

对临字的解释，闻氏一反旧说。他认为"临读为淋"而"淋与霖同"，通过同音假借之途，把临字解作霖雨，从而把"三爻的甘临"解作"甘雨"，亦即历久不晴的淫雨。既然是连绵的阴雨，当然"无攸利"。但何以"既忧之无咎"呢？于理不通之处，又只好对"忧"字进行考证，认为"忧"读为"耰而"耰"义为锄。于是，"既忧之"即成为既已锄之在前，则虽有"甘雨"，亦不足为害，故断曰"无咎"。就这样，闻氏以霖解临，以耰解忧，以临、忧二字的训诂，对临卦三爻辞作了独特的解释。接着，依据这一见解进行推论和训诂，认为上六敦临之敦，案说文可训为怒，怒义近于

暴，故"敦临"可训为暴霖，亦即暴雨。至于六四的
"至临"、六五的"知临"，闻氏认为也如"敦临"。
"至"是"銍""恎"的假借，是忿戾之意，近于怒义。
由此可见至临、知临也者，统统是暴雨之义。另外，经
考证，知临之知，亦可读为疾，疾临亦即疾雨，仍不离
暴雨范围。这样，至、知、敦三个字，都经由同音假借
的训诂之途，而为临字的霖义，作了推论的注脚。

对卦辞的"八月有凶"，高、李二位都不得不避而
不谈。而在闻先生这里，恰好是承卦名为临（霖）之
义，顺流而下，解作八月间大雨为害，故曰"有凶"。

总之，如上所述，闻氏的临卦新说，完全是建立在
文字训诂上。主要是训临为霖，以此为出发点，通过同
音假借的途经，推论式地解释四、五、六爻，或者说，
把霖义加于四、五、六爻，从而建立了霖雨新说。

但是令人莫解的是，闻氏并未将新说贯彻到底。对
卦辞的"元、亨、利、贞"以及初、二爻的咸临，则避
而不谈，听任其新说半途而废。显然，如果临为霖，甘
临为淫雨，至临、知临和敦临皆为暴雨，而且造成八月
间大水泛滥，成为凶灾，何以卦辞开宗明义即说"元、

亨、利、贞"？前后矛盾，实难自圆其说。所以，避而不谈自然是建立新说之初顺理成章的无可避免之计。实际上"《易》以道阴阳"，离开阴阳，《易》即无从谈起。闻氏也和高、李二位一样，舍《临》卦之阴阳问题而别立《临》卦新说，使人难免产生一种似乎"离《易》说《易》"的感受。

结　语

最后综合看来，上述关于《临》卦的几种学说，有个共同点，就是离开《象》辞的主旨，离开卦象之义，单以字辞的解释为立论的基础，以致未能对《临》卦的全局作出令人信服的诠释。回头看看，仍不得不说，孔传的解说是结合象数讲义理，既不失《临》卦本义，又有所发挥、创建。也许比其他各说较为平允。但一卦一爻而生出如此繁多的解说，始终难以达成共识的现象，却为其他经典所无。读起来，有使人如入五里雾中。于是，难辩之处，也只好囫囵吞之而已。

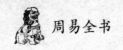

解《易》难于上青天

宋儒朱熹说:"《易》于六经,最为难读,穿冗太深,附会太巧,恐转失本指。故尝顷为之说,欲以简易通之。然所未通处极多,未有可下手处,只得阙其所不知"(《文集·答方宾王》)。周易最难读、不可解处应予存疑:这两点,朱熹是说对了。但以简易通之,以求其卜筮本旨,却是走错了路——辞象未能全面贯通,却伤害了周易的义理本旨。须知,周易象数文辞如此难解,欲从某一侧面简单疏通,实难做到。看一下朱熹的《周易本义》便会了解,仅就文辞来说,也是似通非通和未通之处,多不胜数。

与朱熹同一时代的儒家大师程颐与朱熹的观点不同。对难读的周易,不是以卜筮之旨简易贯通,而是从玩辞入手,以求其意。他认为,"(周易)吉凶消长之理,进退存亡之道,备于辞,推辞考卦,可以知变,象与占在其中矣。"主要意思是说,《易》理寓于辞,解辞为通《易》之门。所以他又强调说:"得于辞,不达其意者有矣，未有不得于辞而能通其意者也"（《易传·序》）。他把读通文辞作为掌握周易义理内涵的前提，并针对周易隐晦难解的文辞作了较为浅显的传注，意欲借此为后学者启开读《易》的难关。

但是，事实上无论是朱氏的简易通之也罢，程氏的传辞通意也罢，都远未能破解《易》的难关，未能通过文辞象数取得六十四卦三百八十四爻内涵之"解"。可见读《易》之难真是难于上青天！千古以来，多数卦爻的文辞象义，都是歧说并存，难成共识。对于后学来说，往往莫衷一是，只好囫囵吞之，以待其自行消化。

下面谈几个例子，以见一斑。

《蒙》卦初六爻辞怎么讲

首先谈谈《蒙》卦的初六爻辞。爻辞为：

"初六：发蒙，利用刑人，用脱桎梏，以往吝。"

对这句爻辞的涵意，孔子在《象》辞中解释说："利用刑人，以正法也。"

原话是模糊语言，孔子的解释也是模糊语言。原话

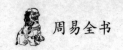

中有三个难点：一是何谓"刑人"，二是"用脱桎梏"与"刑人"之间是何关系，三是"以往吝"指何而言。同时，所谓"正法"是什么意思，也是个难点。

要想解开上述这些难点，首先必须确定"发蒙"的对象，否则难免陷入混乱。

发蒙是启蒙之意，这不难达到共识，但启蒙的对象是卦辞中的蒙童呢，还是所谓一般的蒙民？照理说，既然卦辞中已明确地提到"非我求童蒙，童蒙求我"，那么发蒙的对象应是童蒙，这似乎不成问题了。但实际并非如此。不少易家却认为发蒙的对象是蒙民，如干宝说："此成王始觉周公至诚之象也。《坎》为法律……故利用刑人矣。"把发蒙的对象释为刑人的对象，显然不是指童蒙而言。金景芳亦持同一看法，他认为，"发蒙"之蒙，可以理解为社会下层群众。"（《周易全解》）

虞翻说："《坎》为法，初发之正，故正法也。"王弼说："以正法制，故刑人也。（转引自《周易集解》）都把发蒙正法的对象，视为一般蒙民。这一点，说得最清楚的是程颐和来之德。程说："初以阴暗居下，下民之蒙也"（《易传》）。来之德进一步说："蒙在下民之蒙，非指童蒙也"（《易经集注》）。明确地把卦辞所说的"非我求童蒙，童蒙求我"的童蒙，排出于发蒙、刑人，正法的对象之外，这是一类观点。

另一类观点是贯彻《蒙》卦卦辞的思想，把初爻发蒙、刑人、用说桎梏以及以往吝等的对象，解作接受教育以启愚昧的蒙童，不解作经过刑罚、正法从而沐浴教化，得以启发昏昧的蒙民。陈梦雷即作此解。他说："初六以阴居下，蒙之甚也。欲发其蒙，利用刑人，谓痛加惩责，使知敬学也"（《周易浅述》）。把发蒙、刑人的目的说成"使知敬学"，可见对象不是一般的蒙民，而是受教的蒙童。《周易·尚氏学》也持相同看法，认为刑人是"树之模型，使童蒙有所法式"，也是不把发蒙、刑人等的对象解为一般蒙民，而解作接受教化的蒙童。

对发蒙对象的理解不同，当然对爻辞下文"利用刑人""用说桎梏"等的理解，也便不同。

在发蒙之际，以"刑人"为有利的"刑人"是什么意思呢？大约有四个说法：

第一个说法是，刑罚昏昧犯法的蒙民，犹如今日惩

处"法盲"似的。上述虞翻、王弼、程颐、来之德等均持此说。

第二个说法是对不守学纪的蒙童实施责罚，以所谓"夏楚收威，朴作教刑"（朱骏声《六十四卦经解》），使其向学。陈梦雷之外，孙振声也认为"刑是惩罚，有纠正的含义……教育开始，应当严厉，但不可过当……。"

第三个说法是，刑人不是以刑罚罪，"刑"与"型"同，是模式、法式之意，亦即《诗经·大雅·思齐》篇所谓"刑于寡妻"之刑，《左襄十三年》所谓"一人刑善，数世赖之"之刑。以今日的话来说，正是负面的榜样之意。"刑人"的意思是，树立模型，使童蒙有所法式。

第四个说法是把"刑人"解作以法规约束蒙民，使其"有所戒惧"，然后引导他们接受教化。金景芳即如斯说。

"用说桎梏，以往吝"是什么意思呢？

一般认为，说为脱之借字，是"解"的意思。"桎梏"为刑具，"木在足曰桎，在手曰梏"（《集解》引郑康成)。"用"是关联词，相当于"以"。

对此句，王弼的解释是"以正法制，故刑人也。"但"刑人之道，道所恶也"，故而"刑说（脱）当也，以往吝，刑不可长。"译成今语就是，为了端正法纪，所以对蒙民实施刑惩，但刑罚的办法是大道所厌恶的，所以在蒙发之后应即解除刑罚，而不可长期用刑。他把"以往吝"解作：继续用刑下去，便会产生错误。亦即《尚书》所谓"刑期无刑"之意。

王安石的理解则与此相反。他认为：

"当蒙之初，不能正法以惩其小，而用脱桎梏，纵之以往，吝道也。"（转引自《周易折中》）

他这段话的大意是，当蒙民违法之初，倘不能端正法纪以惩处其小恶，而解除刑罚（刑具），如此放纵下去，是错误之道。

一个认为刑不可长，刑期无刑。

一个认为不可除刑，以免放纵。

朱熹的看法与王弼类似，但有不同。他认为"……当发其蒙，然发之之道，当痛惩而暂舍之，以观其后。若遂往而不舍，则致羞吝矣。"（《周易本义》）

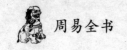

他对爻辞的解释是，发蒙的办法，应当是痛加惩处后暂时解除刑罚，以观后效。倘不如此而一味惩罚下去，那将导致羞吝之误。

他给王弼"刑不可长"的道家思想，加上了一个"以观后效"的儒家策略。用以解释原文，也可自圆其说。

程颐的说法，与上述大有不同。他说："治蒙之始，立其防限，明其罪罚，正其法也。使之由之，渐至于化。立法制刑，乃所以教也。盖后之论刑者，不复知教化在其中矣。"（《易传》）

程颐的理解与上述刑罚的观点完全不同。他认为"刑人"不是施刑罚于人，而是宣布法纪，明示法禁，使蒙民遵循正路，接受教化，以免违法而陷于"桎梏"。他强调法禁、教化，而不谈刑人、刑罚。这一观点与王弼，朱熹不同，而与王安石的观点则恰恰相反。王安石认为刑蒙有利，否则不利。程颐则认为先刑禁而后教化，是对爻义的最善理解。他把"用脱桎梏"解作"脱去昏蒙之梏"，以"桎梏"为比喻词意，即使蒙民明于法禁，以便脱掉昏蒙之桎梏，"桎梏谓拘束也"。意思犹如今天所说的脱掉法盲的缠绕。虽然清代易家丁寿昌在《读易会通》中对此加以否定，说"以桎梏为比喻似非"，但程传毕竟是别具一格，可备一说。

对此爻辞，陈梦雷的解说又另有新意。他一直认为此爻的内容是教育蒙童，而不是处罚蒙民。所以他一方面解释上句说，"利用刑人，谓痛加惩责，使知敬学也"，接着又解释下句说，"用脱桎梏，谓暂去拘束，以待自新"。到此为止，与朱说之"以观其效"有相似之意，但下文则表示与众不同的见解。他说："桎梏用之未刑，刑时未有不脱桎梏者。若既刑又桎梏，往而不舍，拘束太苦，则失敷教在宽之义，必致羞吝矣。"（《周易浅述》）

陈氏之意是，发蒙时需要刑责，但不可过严，责罚之后，要暂去拘束，以待自新。这是一层意思。但又说"用刑"之时，即痛加惩责之时，必须脱去桎梏，不能既带刑具又加以惩罚，以免管制过苦，失去教化从宽之主旨。这是又一层意思。合起来看，陈氏的意思可能是，对蒙童之蒙行，要加惩责，但不宜过重，应适可而止，以待其悔过自新。这里，刑罚应脱去刑具的观点，

是陈氏的"创见"。

在这一问题上，来之德的解说是这样的："……发蒙之初，利用刑人以正其法，庶小惩而大诫，蒙斯可发矣，若舍其刑人，惟和悦以教之，蒙岂能发哉！吝之道也。"（《易经集注》）

这个观点，基本上来自王安石。但也略有差异。王说"纵之以往，则吝道也。"来说："惟和悦以教之，蒙岂能发哉！"差异之处在于，一个是"纵之以往"，一个是"和悦以教之，"总的看来，分歧不大。

在这一问题上，分歧最大的是南怀瑾的解说。在《易经杂说》里，他是这样阐述的：

"利用刑人，是说用刑法不一定是一件好事，但是有利。因为人类中有些人不听好的教化，打他一顿就听了。用说桎梏，'说'亦是《论语》'不亦悦乎'一样悦的意思，人受了桎梏，还有什么快活？因为这是教化过来，就是很高兴的事……。"

南先生把用说桎梏的说，解作悦，与传统的以及今天的一般学说，迥乎不同。当然，这也可讲得通，也是一说。

以上所举，是代表性的见解，另外恐怕还会有些不同的看法。但仅此亦足见《易》蕴的深厚，即使一句简单的爻辞，也难求其的解，往往是"瞻之在前，忽焉在后"，只能观其琳琅满目，而心领神会。

《蒙》卦初六《象》辞的涵义

回过头来，再看一下孔子的象辞。他说《蒙》卦初六爻辞之所谓"利用刑人"，是"以正法也"之意。怎样从爻象上看出爻辞含有正法之义，孔子没讲。他的《彖》辞《象》辞，特别是《小象》辞，大半只讲结论而不讲理由。其理由只作为内部语言而蕴含在结论的外部语言的背后。因此，"正法"究竟指何而言，令人莫得确解而难免扑朔迷离。当然，在先秦时代，所谓正法，并没有"杀头"之意。所谓"人即正法"指人即处决，是唐宋以后逐渐形成的语义。但无论杀头与否，"正法"一词总是与法纪的执行有直接关系。或宣布纪律以整肃法禁，或按照法纪予以惩罚，怎么理解都可以讲得通。这便使本来古奥隐晦的经文，更加"云山雾罩"，众说纷纭。在这方面，来之德独辟蹊径，颇有贡献。他认为"孔子没而《易》已亡。四圣之《易》为长夜者二千余年"，原因是，"自王弼扫象以后，诸儒皆以象失其传，不言其象，止言其理，而《易》中取象之旨，遂尘埋于后世"（《易经集注》来序）。用他的观点来说，周易原来就是"即象言辞，"孔子作传，亦复如此。故而研究孔子的传辞时，必须给合卦象爻象，阐发其理。所谓"象数言于前，义理言于后"（同书序）。只有这样，才能了解孔子解《易》的真谛。来氏的易注，正是在这种思想指导下撰写的。

那么，为了深入探索《蒙》卦初六爻辞的真谛，这里应不吝笔墨，引录来氏的注释，看看他是怎么理解孔子的象辞的。他先说："治《蒙》之初，故利用刑人以正其法。桎梏者，刑之具也。《坎》为桎梏，桎梏之象也。在足曰桎，在手曰梏，中爻《震》为足，外卦《艮》为手，用桎梏之象也。"这个意思，汉代的虞翻早已说过，不算新的体会。接着又说："因《坎》有桎梏，故用刑之具即以桎梏言之，非必至于桎梏也，朴作教刑，不过夏楚而已。"这个看法也是古已有之，并非新创。接下去，他又解象说："本卦《坎》错《离》，《艮》综《震》，有《噬嗑》用刑之象，故《丰》、《旅》、《贲》三卦有此象，皆言狱。"这段话从四面八方即象观察，确有独特体会。下面他又说："说者脱也，用脱桎梏，即不用刑人也，变《兑》为毁折，脱之象也。往者，往发其蒙也。吝者利之反。变《兑》则和悦矣，和悦安能发蒙，故吝。"就这样，他即象阐义，解释初六，表达了类似王安石的观点。以继承孔子易学自居的来之德，他所作的这段即象阐义，是否与孔子作传时的思路一致，无法断定，但本文觉得来之德往下解释初爻的一段话，似乎和孔子的象辞有所接近。他说：

"初（指初爻）在下，近比（靠近）九二刚中之贤，故有启发其蒙之象。然发蒙之初，利用刑人以正其法，庶小惩而大诫，蒙斯可发矣。若舍脱其刑人，惟和悦以往教之，蒙岂能发哉！吝之道也。故其象占如此。"说到这里，按理说文意已毕。但他仍不放心，又叮嘱似地加了一句："细玩小象自见"。

可见，他对小象是用心玩味而后阐发其义理的，与孔子的作法，似乎路数相同。所以，接下来对孔子"利

用刑人以正法也"的象辞，便顺理成章地加以解释："教之法不可不正，故用刑惩戒之，使其有严惮也。"（同上）

虽然，此种即象阐义之法，也许符合孔子的思路，但来氏所阐发的"正法"之义，是否与孔子一致，仍无从判断。何况，来氏的解说中还有闪烁不定之点：既说对蒙民要用刑正法以惩戒之，又说桎梏不一定是刑具，夏楚（打板子）之朴作教刑，也算桎梏，这又象是对受教育的蒙童所作的处罚，而非对蒙民用刑的正法。意思飘忽，令人捉摸不定。结果，我们也只能像对待其他易家的说法一样，东瞻西顾，心领神会。

本来周易内在的奥义就是多角多歧的，再加上解说者的理解条件不同，以致仁者见仁，智者见智，公说公的，婆说婆的，甚至反正都是理，令人无所适从。但大《易》原来就是个神秘的"天书"，后学者又何必苦求其一致的面目，奚如囫囵吞枣，神领神会，反而更妙！还是程颐说得好："已形已见者可以言知，未形未见者不可以名求。则所谓易者，果何如哉！"

这段话可以说是表现出程颐沉沦《易》海多年之后

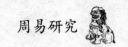

突然闪现的大彻大悟。然则，《蒙》卦初六爻辞的真义
果何如哉?

第九篇　大《易》
是否不言有无

孔老二子的有无

张载在《正蒙·大易篇》里劈头便断言：“大
《易》不言有无，言有无，诸子之陋也。”在《易说·
系辞上》中，他又进一步阐述说：“大《易》不言有
无，言有无，诸子之陋也。人虽信此说，然不能知以何
为有，以何谓之无。如人之言曰自然，而鲜有识自然之
为体。”理由是，以他的气一元论和气之聚散论的观点
来看，”气聚则离明得施而有形，气不聚则离明不得施

而无形，方（其）聚也，安得不谓之有？方其散也，安得遽谓之无？故圣人仰观俯察，但云知幽明之故不云'知有无之故。'

以上，是张载对大《易》不言有无这一命题的论证。所谓大《易》，当然是指易经本身及孔子对其阐释而言。就论证自身的逻辑来说，张载的这一论证是有毛病的，毛病之一在于偷换概念，以'幽明之故'代替'有无之故'。孔子在系辞中所说的"幽明"，"幽"是指暗中存在的不可见的无形境界，"明"是指明显可见的有形境界。这两个概念是与人们感知相联系的认识世界的概念，它们和表示宇宙形成及万物存在的本质的"有无"一对概念，是根本不同的。"幽"未必无，有未必"明"，这是显而易见的道理。

这一问题，此处姑置不论。单就大《易》是否不言有无及其相关问题，略抒己见。

张载熟通六经，尤精于周易。他说大《易》不言有无，当是深思熟虑的结论。但如果就此问题进一步深入探索和思考，便会发现，事情并非如此简单，这里面大有文章。

就常识来说，众所周知，老子讲求有无，以无为本，从而建立了以道为宇宙本体的哲学。他的著名的命题有："无名天地之始，有名万物之母"（《道德经》首章）。"天下万物生于有，有生于无"（《道德经》四十章）。他认为天地始于无，成于有，有是从无中生出来的。与老子的观点相反，孔子在谈到天地万物之生成时，却只讲有而不讲无。语及人间关系时，也是如此。故而魏代玄学家裴徽曾对王弼说过："夫无者，诚万物之所资也。然圣人（指孔子）莫肯致言，而老子申之无已……"。点明了孔、老在有无问题上的对立。虽然王弼不以为然，而申辩说："圣人体无，无又不可以训，故不说也。老氏是有者也，故恒言所不足"（《三国志》锺会传注）。但硬说孔子以无为本，只是由于无字无法解释，故而不说；老子是主张有的，故常说无以补有之不足，这毕竟是混淆概念的诡辩，不足为凭。老子体无，孔子重有，这是二人思想体系的性质所决定的，毫无疑问。

老子不言周易，他对周易之是否言有无的看法，不见经传，无从知晓，只好付之空白。与此不同，孔子大

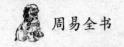

谈周易，为之作传，做到了以《易》解《易》，进而以孔解《易》。所以，周易（包括孔传）之"有无"问题，则有迹可寻。

在探索《易大传》的"有无"思想之前，应该追本溯源，先看看代表孔子思想的论语当中"有无"思想的表现。遍观论语二十卷，涉及有与无之处，多达一百二十几点，但除了生活范畴不计之外，也只限于政治范畴与伦理范畴。如有道、无道、有德、无德，等等，超过政治、伦理范畴的有与无，一个也没有。换言之，高达宇宙范畴的有与无，如老子所讲的关乎宇宙本体的有与无，并不存在。可见王弼所谓"圣人体无"之说，无非是"以老解孔"的一种强辩而已。

但是，这只是就表达孔子仁学中心的论语而言，并不表现孔子的全部思想。如果将视线扩展到"与天地准"的周易大传，那么，自然会从孔子的学《易》心得与解《易》成果中发现有无问题的更高的涉及天人之道的新迹象。

无和無有何区别

在探讨本题时，首先碰到一个引人入胜的问题，那就是无字的形体。在《易》、《书》、《诗》、《礼》、《乐》、《春秋》六经中，除周易（包括易传）外，其他五经之无字，皆写为無字。唯有周易，无论经传都将無写作无。这是什么道理呢？对此，杭辛斋有一解释。他说：

"《说文》天屈西北为无，言'无'即天字屈其西北之一笔也。"这是按字形来源的训解。但这一训解和周易有什么关系呢？就此，他继续解说：

"西北为《乾》卦方位。《乾》为天，《乾》圆往而《坤》方来，往屈来信（伸），故曰屈。天屈西北，即《乾》居西北。……斯时也，静极而动未生，阴极而阳未形，孕育万有而未见其朕。欲以一字尽其状而赅其义，故特以一无字概之。"

这是用后天八卦图中的《乾》卦的方位来解释无字形成于《乾》天的运行状态。大意是：《乾》天为万物资始，运行至西北时，正处于阴终阳始的中间，说阴非阴，说阳非阳，无形无声，无嗅无味，故而以无字表示之。杭氏继续说：

"此无字与有無之無，训诂虽同，而意义殊别。有無之無，与有相对，而无则無对，超乎有无之上。盖有無相对，则一阴一阳，已成两仪。而无则立乎两仪之前，为群动之根，开万有之宗，非后天之《乾》卦，不足以当之。"

（以上引文均见《学易笔谈》二集卷二《释无》）

杭氏的上述说法，如把无字作为表示宇宙本体的概念，结合八卦方位来看，当然不为无理，但周易中的无字，都仅只作为否定词来用，并未达到宇宙观的高度。经文中卦名有《天雷无妄》，爻辞有"无妄之灾"，"无妄之药"、"无祇悔"等。占词有"无咎"、"无悔"、"无攸利"、"无不利"、"无咎"、"无誉"等。其所有无字，都止于否定作用，并无所谓"天屈西北"那样的哲学意义。孔子的传文大体上亦复如此。如《系辞》中的"神无方而易无体""无有远近幽深""贵而无位，高而无民""乾坤毁，则无以见易""无有师保，如临父母"，等等，都只是对有的否定而已，可以直译为今语而无需诠释。换言之，如果我们把上述经文和传文中的无字，一律换成無字，在内容的表达上可以说完全无碍。只有系辞中的"《易》，无思也，无为也，寂然不动，感而遂通天下之故，非天下之至神，其熟能与于此!"把易经视为处于动静有无之间的"至神"，此处的无，不是表示一般的否定，倘换成無字，则丧失其奥义而索然乏味矣。但这只是个别的例子，不能借以代替一般。一般的无字，只表示语言上的否定，别无奥义。

那么，既然如此，《易》作者和传文作者始终以无代無，又是为了什么呢？是否受了道家思想影响？看来也不是。因为《道德经》五千言以無为本，却无一处将無字写成无字（据《四部备要》影印本）。这是否出于偶然？也恐不是。因为满怀忧患与极尽"精微"的《易》作者不会盲目地随意用字，素以慎言辨辞为能的《易》传作者孔子，更不会不动脑筋地随声附和。看来，此中必另有缘故。此处姑置不论，留待大方家点破个中奥秘。

返回本题，且说"大《易》不言有无"。在这个命题中，言字是个关健。如果认为言字只是"说"的意思，则此命题可以成立。但如果言字之义不仅是"说"，还具有"表现""探讨""涉及"等含义，则此命题还可推敲。笔者以为，如从周易之整体精义思考，则应说大《易》不明言有无，而并未放过有无。因为，如漏掉有无，则"有"无其侣，亦难成立。而"有"，正是《易》之哲学基石，无"有"，《易》及《易》传何得问世？何能存在？所谓伏羲画八卦、文王演八卦和缀卦辞、周公缀爻辞，及至孔子（及其他人）为之作传，等等，实际上都是"有"的表现，说是"从无到有"，当然无可非议。就事实来说，是这样，进一步就周易内容来说，亦在此彀中。

上举例句："易，无思也，无为也，寂然不动，感而遂通天下之故。非天下之至神，其孰能与于此。"这是孔子对周易的精妙性质及其神妙作用的判断与赞颂。虽是短短的两句话，却透露出周易最深的本质，——它作为反映宇宙本体的存在，外表是无声无息，静默不动，似乎既无所思，又无所为，但静寂并不是死寂，无思无为并不是不能思不能为，而是处于阴阳之间、动静之间，含机待发。一旦阴阳交感，则胎力迸发，以其智理，通达天下之万事万物。周易这种无思无为的"无"，并非兔角龟毛式的"不存在"，而是内在机能之尚未发作的无，所以不能把无思无为，改写为無思無為。在这句话里，无思无为是"无"，感而遂通天下之故是"有"。这虽是孤例，但确在证明大易不是不言有无，而是也言有无，只是言的性质与表达方式，有异于老子和常态罢了。

《易》有太极是什么

至于作为宇宙范畴或社会范畴，与"无"相对的"有"，则周易言之甚明。——虽然，全文并无"有无"相对而论的辞句。这一点，与《论语》迥乎不同。在《论语》中尽管没有涉及"天道"的有无之论，但仅次于天道的政治范畴"有道""无道"，则多达十二对之多。还有伦理范畴的"有耻""无耻""有德""无德"等，有无并论，彰明较著。而对有无的态度，当然以崇有为其特征。故而晋代裴顾写作《崇有论》以驳斥王弼

等的体无之论，借以发扬孔圣的名教而攘退老子的虚无观，是合乎逻辑的行为。在易传中，孔子多说有，而极少说无，尤其是不并论有无，不明论有无。

孔子赞《易》之以有立说，有下面两段话可资证明。一是："易有太极，是生两仪，两仪生四象，四象生八卦"（《系辞上》十一章）。二是："有天地，然后有万物；有万物，然后有男女；有男女，然后有夫妇；有夫妇，然后有父子，有父子，然后有君臣，有君臣，然后有上下，有上下，然后礼义有所错。"（《序卦》）

头一句是对《易》象核心的八卦出生及其过程的叙述。同时，孔子认为"《易》与天地准。"（《系辞上》四章），故而也是对天地万物的根源及其生长过程的叙述。从根本性质来看，这是关于宇宙本体的论断，亦即古人所谓关于天道的论断。

后一句是关于万物产生的根源以及政治社会结构形成的论断，亦即古人所谓关于人事的论断。

这两个肯定命题的共同特点是有字当头，是孔传以有立说的最鲜明的标志。

现在我们先分析第一大句。

这句话里有两个值得注意之点。一点是有字，一点是"是"字。此处的有，不是表示所有格的有，意思不是说《易》具有太极，而是说，*《易》象的产生过程是，（先）有个太极，然后如何如何。有字表示存在之意。接下来的是字，并不是表示肯定的判断词，而是个指示代词，相当于此字，也就是它字。大意是：有那么个太极，它生出两仪，两仪生出四象，四象生出八卦。这样诠解和翻译，才合乎原意，顺理成章。但主要问题不在这里，主要问题（也是难题）在于，何谓太极？太极的背后（之前）是什么？它来自何处？关于这个老大难的问题，自古迄今，易学界并无共识。

伏羲仰观俯察，近取诸身，远取诸物，始作八卦。这一传说，自远古即有之。但画卦作卦的具体过程和始末情况，却无文献可徵。所以，《易》有太极而生两仪、四象、八卦云云，恐是孔子潜心学《易》而发现的奥秘。学《易》者可从中发现八卦是由阴阳两爻组成，而

---

* 《周易大传新注》（438页）认为，"易，为变易，非《易》书之易，此句是说，宇宙的变化是从太极开始的。"这是脱离上下文的解释。系辞于此讲八卦的产生，当然直接是指易经，但易经同时反映天道，所以间接也是讲宇宙万物的生成。

纯阳之《乾》卦与纯阴之《坤》卦正居八卦之首，如此必然推想《乾》《坤》阴阳的来源。周易本身于此并无说明。于是为解决这一悬空的难题，孔子也许是依据对八卦图象的观察与思索，便以其富于哲理思维的头脑设想在天地阴阳未判之前，有个宇宙最深的本体存在，从而生出阴阳八卦，无以名之，遂名之曰太极。从字面上讲，太亦作大，义同大而更甚于大。按说文段注，"凡言大而以为形容未尽，则曰太。"一切至高无上，至大无外，至尊无上者，皆可以太名之。如道教所尊之太上老君，即上至极点的真神。极有穷尽之意，俗所谓顶点者，也和太一样，表示无以复加。这样，太字和极字合到一起，字面意思就是至尊无上。孔子用它来表示和形容在天地未判之前，阴阳未分之先，存在一个浑沦无端的宇宙本体，无以名之，只好以世界顶端之意，名之曰太极。这种煞费苦心的命名，颇似老子的作法。老子发现"有物混成，先天地生，可以为天下母"，但难以名之，乃曰："吾不知其名，字之曰道，强为之名曰大"（《道德经》廿五章）。虽然思想体系的性质不同，但仅就上述情况来看，孔老二子对宇宙本体之探索、描摹和

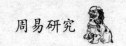

命名，其苦心经营之情状，不是十分仿佛么？

汉魏易学家注解周易，对太极有不同的说法。马融说，"太极，北辰也"，虞翻说，"太极，太一也。"郑康成说："极中之道，醇和未分之气也。"韩康伯说："夫有必始于无，故太极生两仪也。太极者，无称之称，不可得而名，取其有之所极，况（形容）之太极者也。"如此等等。另外，汉代以前，太极与太一并称，这源于《礼记》礼运篇。其言曰："夫礼，必本于太一，分而为天地，转而为阴阳，变而为四时。"这段话，未必出自孔子之笔，却符合孔子的思想。看来，这里所谓阴阳天地之前的太一，其地位恰好相当于易传所谓"太极"。或许孔子研《易》时，将《礼》之太一加以改造，创出太极之名，也未可知。总之，太极这一概念对表示宇宙本体来说，其哲理意味似乎优于太一。

但是太极的文字意义虽是至高无上，至大无外，而哲理意义却不能到此罢休。把握了太极之后，人们必然要问，太极是从何而来。孔颖达解释说："太极谓天地未分之前，元气混而为一"（《周易正义》）。《周易乾凿度》说："易始于太极，太极分而为二，故生天地。"

郑康成注曰："轻清者上为天，浊重者下为地。"《庄子·天下篇》说："建之以常无有，主之以太一。"等等，都只涉及太极的"去脉"，而未涉及它的"来龙"。宋儒说："太极者理而已矣。"但理自何来，也说不清。依照韩康伯的注解说的，既然太极为有之极点，而有必始于无，则太极之前必为无，太极自无而来，应无疑问。故此，宋儒周敦颐由此得到启发，而在太极的背后树立了无极，建立了自无极而太极的学说。但无极绝非宇宙之巅，其背后又是什么，如此推衍下去，势必跌入"无限大"的循环逻辑的空间，最后只能获得概念游戏的疲劳，泛泛空言，并无实义。在这里，语言逻辑完全无谓：或者以太极为最后真理而陷入宇宙有限论的言诠，或者以太极为阶段的开始而坠入宇宙无限的空间，总而言之，要在这里寻求最终答案，实属妄费心机。倒不如按《列子》的办法，暂以"终则有始，始则有终"的"原始反终"（《系辞上》四章）之说，解答了事。这样看来，来之德所谓"太极者，至极之理也，"杭辛斋所谓"太极者至极而无对之谓"，等等，实在是妄费口舌，说了等于没说。

可是，话又说回来了。既然孔子断定"易有太极"，太极为有，那么韩康伯所说的"夫有必始于无"，乃至周子循此而以无极接太极之前，不论其是儒是道，从逻辑上来看，倒是合乎道理的。太极也罢，什么也罢，总有个开始，开始之前当然是无，开始之后才成为有，这是无可辩驳的真理。所以周子从有极想到老子思想的无极，自是理所当然。王夫之也说："……易有太极，无极而太极。"（《周易外传》）

但是，杭辛斋对此极表异议。在《学易笔谈》中他反复对无极之说，进行驳斥。他的主要理由是，"极者，至极而无对之称。……极既无对，极而益之曰太，则更无可以并之而尚之者矣。是以太极者，立乎天地之先，超乎阴阳之上，非言词拟议所可形容。盖状之言则有声，有声非太极也，拟之以形则有象，有象亦非太极也。诗曰：上天之载，无声无臭，庶或似之。然无字为有字之对，有对亦非太极也。孔子于无可形容拟议之中，而形容拟议之太极，可谓圣人造化之笔，更无他词足以附益而增损之矣。然而有太极之名，似亦非太极之真谛，乃无碍其为太极者，则以太极二字均无物质无精

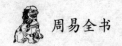

神可言，更无其他之词义，足以相并相对，可以谓之名，亦可谓之非名，此圣笔之神化，所以不可思议也。"（《易楔》卷一）

这段话赞颂和解释太极，颇有神秘的宗教说教的色彩。第一，他说太极为无上无对，即是说无物在它之前，亦无物与之相对。这是不合乎实际，也不合乎概念的运动法则。事实上事物无限大，任何事物亦无尽头，正如宇宙无边无际一样。恰似列子所说，"终继之以始，始继之以终，"也如周易之《既济》卦又接《未济》卦一样，此物之始，即为它物之终，始与终为一体之两面，绝不可能脱节。太极既号称天地之始，则其前边必为某物之终，孔子所说的"原始反终"，就含有这个意义。所以太极尽管在文字上有无上之意，而在物质和精神运动的长河中，却只是空想的存在。同时，无对之说，亦不合理。世间万物万事，包括精神现象在内，全是对立的统一，绝对的单一是不存在的，没有矛盾，则何由得动，何得生两仪？如果说无极"不可"与"太极"为对，那么"非太极"与"太极"为对，是否可以？所以无对之说，只是空想的强调，不能落实。

第二，杭氏形容太极云者，无声无臭，无形无状，既非精神，亦非物质，可谓之名，亦可谓之非名。这和道家所说的"有物混成，先天地生""道可道，非常道，""道常无名"等等的道的概念，十分相近。杭氏曾说："老子曰：有物无形，先天地生，即谓太极也。"他干脆断言："使老子得见孔子易有太极一语，必舍其名（指道而言——笔者）而从之。"可见在他心目中，孔子的"太极"也就是老子的"道"。这是混淆儒道两家思想体系的一偏之见。儒家尊有，道家体无，儒家重阳刚，道家重阴柔，儒家讲有为，道家讲无为，等等，其差异非常明显，其对立的基本概念岂容混淆！

第三，杭氏认为太极超出物心之上，可谓之名，亦可谓之非名。这种说法，无疑来自佛学。金刚经所谓"所言一切法者，即非一切法，是故名一切法"，这种扫除名障解《易》的作法，绝非太极作者孔子的思想，殊不可取。

总之，孔子所创造的太极这个概念，虽未超出物心的界限，但作为描摹大《易》本体（同时也是描摹宇宙本体）的理念，是具有挈领哲学体系的价值。孔子肯

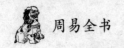
定了它的存在，即它的有，而并未涉及这个有之先的无。依据"有无相生"的辩证关系来看，相对于太极的无极之出现，是合理的，也许是必不可免的。但另一方面，孔子也没有明确否定太极之相对性，对此，他可能是"书不尽言，言不尽意"，像对鬼神一样，抱着"存而不论"的两可态度吧。

以上所述，是关于易传中孔子所提出的第一个有——有太极。这个有，是关于天道的有。

孔传的第二个"有"

易传中孔子所提出的第二个有，是继天道之后关于人道的有。即："有天地，然后有万物；有万物，然后有男女；有男女，然后有夫妇，有夫妇，然后有父子；有父子，然后有君臣；有君臣，然后有上下；有上下，然后礼义有所错"（《序卦》）。从天地开始，一连串的有，展开了人类社会结构乃至意识形态形成的图式。虽然是简单的推论，但大体上表现出逻辑与历史的合理的统一。如把其中的有字都换成无字，也会形成一个必然性的条件论式。但处于春秋时代的孔子的文风与处于战国时代诸子（如《韩非子》）的文风不同，他不运用那种反复强调的论式。

这个关于人道的有，源于天道的有，亦即"有天地"之有，源于"有太极"之有。如试在第一个有前补上第一个有，以表明这个有的来源，形成"有太极，然后有天地；有天地，然有万物，然后有男女…"，这样的推论也是完全合理的，合乎孔子的思想。因为在孔子思想中太极生两仪，正是指天地而言。故此，可以说，前个有表天道，后个有表人道，人源于天（大自然），以人道继天道，合乎宇宙与人类的运动规律，这也是在《易》学的基点与尊有的观点上鲜明地表现出孔子天人合一的思想。

综上所述，可以得出这样的结论：孔子的《易》传，不是笼统地"不言有无"，而是以"入世"为起点，以有立教，多言有而罕言无，但对无并未否定，只抱着存而不论的态度，付之于言外之意，也许是留给后学者自行摸索吧。

但是，周易之有无问题，到此并未划上句号。除了经传的文辞以外，周易的象在表意上还起着特殊重要的作用。孔子所谓："书不尽言，言不尽意…圣人立象以尽意，设卦以尽情伪。"对《易》象在达意上对语言的不足所起的补充作用，作了恰当的说明。下面试从《易》象方面对有无问题，作一探索。

众所周知，《易》的基础是八卦，八卦是由"—""袴"二爻的排列组合所构成的《乾》《兑》《离》《震》《巽》《坎》《艮》《坤》八个形象，成为《易》的原始形态。不论阴阳八卦之象的来源如何，总是先有象而后有卦辞、爻辞乃至传文。所以，以王弼为首的扫象谈《易》的义理派，难免在许多问题上陷于空谈，不能完全发掘出《易》的深赜奥义。

八卦生来有象，但是否自来有图，则无从考察。不仅所谓伏羲画卦时未曾留下图表，后经推演，缀以卦辞爻辞，流行世间，再由孔子等加以翼赞，将其哲学化，传诸后辈，又衍为象数，义理等派别，经两汉、魏晋、隋唐到北宋末季之前，也无所谓八卦图流传下来。八卦图是宋代理学开山祖之一的周易象数学家邵雍首先公诸于世的。其图主要有先天八卦图与后天八卦图两种。邵氏认为先天图为伏羲八卦（见图3），后天图为文王八卦（见图4）。

先天八卦系本《说卦传》第三章，原文为"天地定位，山泽通气，雷风相薄，水火不相射，八卦相错。"《乾》天在上，《坤》地在下，《艮》山与《兑》泽互相通气，《震》雷与《巽》风相互博击，《坎》水与《离》火不相厌弃，如此形成八卦阴阳互相反对（错）的局面。

这段话绘成图象，恰恰是上列先天八卦图模样，一点也不错。由于它所表现的是天上地下日东月西这样的宇宙本体，故而名之曰先天八卦图。孔子在《系辞》伊始便说："天尊地卑（天上地下），乾坤定矣。卑高以陈，贵贱位矣。动（《兑》为泽）静（《艮》为山）有常，刚柔断（分）矣。在天成象，在地成形，刚柔相摩（交感），八卦相荡（互相推动），鼓之以雷霆，润之以风雨（《震》雷与《巽》风相冲击）日月（《坎》月《离》日）运行，一寒一暑。"这些话与先天八卦图的影象有几分相似，或者当时有这个图，孔子从中得到启示而发出这样的论述，这种可能性也是存在的。

所谓后天八卦，其所本者，是《说卦传》第五章。原文为"帝（万物生机的主宰）出乎《震》（居东方，时为春），齐（整齐生长）乎《巽》居东南，时为春夏之交），相见乎《离》（居南方，时为夏，万物明盛显现），致役乎（委托养育万物），《坤》（居西南，时为夏秋之交），说言（喜悦收成）乎《兑》（居西方，时为秋），战（阴阳搏斗）乎《乾》（居西北，时为秋冬之交），劳（疲劳而归息）乎《坎》（居北方，时为冬），成言（万物成终而复始）乎《艮》（居东北，时为冬春之际）。这是以八卦的形成描述春夏秋冬四季呈现出的生、长、收、藏等阴阳之气流行循环的情况，恰好构成一幅始而复终，终而复始的圆图。它所表现的是阴阳二气交变所造成的季节和生产的运行情状，故而名之曰后天八卦图。

先天图表达八卦对待，后天图表达八卦运行，一现宇宙本体，一现人间致用，但两者之间有个共同点，即：四周为八卦，中央为空白。看见此图，人们不免要问：由八卦围绕而造成的中央的空白是什么东西？它是单纯的空白，无所谓的空白呢，还有另有所指，别有洞天？是否就是生出两仪四象八卦的所谓太极，或太极之所居？对此，孔子未曾谈及。也许由于"书不尽言，言不尽意"，只好本着"立象以尽意"的精神，让图象自己来暗示，由学易者自己去领悟吧。

太极图

孔子之后，当然有人对此作过探索。南宋易学者蔡季通受朱熹委托，于蜀中搜得秘图三帧，其中之一即后代流传民间的太极图。图为先天八卦图，但与既有的先天八卦图不同之处在于，中央不再是空白，而是添上了一黑一白两鱼交尾状态的东西，流行民间，俗称"阴阳鱼"。其图如图所示。

图5既名为太极图，显然太极云者，即指图中央的阴阳鱼而言。在作图者的思想中，太极是由阴阳二气混成，二气首接尾，尾接首，拥抱交接，犹如一体，循环无端。而且白鱼中有一小黑点，黑鱼中有一小白点，表示阳中含阴，阴中含阳，实为一而二，二而一，既对立又统一的存在。它就是所谓"易有太极，是生两仪，两

仪生四象，四象生八卦"的太极。作图者无疑是抱着这种认识，发明此图的。此图来由，不得而知，看样子大约来自道家。有人推测，老子出函谷关西去流沙，其所创秘籍有可能散播于蜀陕一带。蔡季通获此图于蜀，也许是老子的遗物。从图中的太极模样来考量，此传说似亦未为无因。《老子》二十五章曰："有物混成，先天地生，寂兮寥兮，独立不改，周行而不殆，可以为天下母。吾不知其名，字之曰道。"这个"周行而不殆"的"先天地而生"的"混成"之物，其面貌与生出两仪（天地、《乾》《坤》）万物的太极，确是十分相似。道家人物从周易中获得灵感绘制此图，并非不可能之事。

《老子》首章曰："无，名天地之始。有，名万物之母。……此两者同出而异名，同谓之玄，玄之又玄，众妙之门。"此段话中的无和有，比照太极图，可以解为，无为阴而有为阳，无为黑鱼，阳为白鱼，两者同处于玄中，玄即太极。这样解释，如以道家思想来看待周易，也未尝不能成立。另外《庄子·齐物论》提出了"道枢"的概念，其言曰："彼是真得其偶，谓之道枢。枢始得其环中，以应无穷。"彼与是不同而对立，又是很好的一对伴侣，叫作"道枢"。而道枢（道之枢纽）得到"环中"，则法力无边。什么叫环中呢？郭沫若解为"得到了循环的中心"。《庄子》郭象注说，"夫是非反复，相寻无穷，故谓之环，环中，空矣。今以是非为环而得其中，无是无非也。"以今天的话来讲，道枢之环中，就是对立面统一的中心，对立面相反相成，互为其根，其中有个无形的往反的桥梁，此即谓之环中。以庄子的这一思想来看太极图，则其中央的圆心可比作道枢，道枢之环中则为阴阳之对立统一，互相矛盾，又互相渗透，法力无边，为天地万物之始祖。这个道枢及其环中，其面貌和作用不是和太极图中的太极及其包含的阴阳鱼颇为相似么？

从上述这些蛛丝马迹来看，周易的太极图可能来自道家人物学《易》的体会，这种传统说法，并非无稽之谈。然则，太极图中央由阴阳鱼构成的圆形物，究竟是什么呢？日本学者中野美代子认为，它是"把雌雄两性关闭在一个圆形体的宇宙卵"（岩波新书《中国的妖怪》47页）。当然这是从宇宙发展史的角度，以现代科学的目光对太极图象的含义所作的观察，对回答周易中的太极为何物，是否就是太极图中央包含阴阳鱼的圆形物一点，不能起到直接说明的作用，但确有深入的参考价值。不管来自儒家也罢，道家也罢，太极图的出现是有其必然的客观依据，那就是《说卦传》所描述的八卦图。无论先天后天，都是八卦环绕四周而中央为空白的圆形。这个空白的圆形，其中无物，里面究竟藏着什么，不免成为研究者追索的对象。当然有的会照原样认为是"无"，但有的却不肯就此罢休，而进行"探囊取物"。太极图于是应运而生。不论是耶非耶，自是事有必至，理有固然。

太极图的价值如何，姑置不论，它的出现，至少对探索周易太极的实质，提供了启示。就是说，它告诉人们"易有太极"的有是对的，它是存在的，它存在于八卦图的中央，中央的空白的圆形，就是太极之所在。它好比数学上的"0"，由"0"生出—和—，即《乾》和《坤》，由《乾》《坤》为父母，再生出《震》、《坎》、《艮》、《巽》、《离》、《兑》六子，八卦即从此生成。同时，它进一步表示，太极本身不是空白的虚无，而是蕴涵阴阳二气的实体。从有或无的角度，就整体来说它肯定太极是有，而不是无。两仪四象八卦等天下万物，不是生于无，而是生于有。由此也使人可以领会到，孔子所说"《易》有太极"的有字，具有多么微妙的意义。

但是，孔子赞《易》时，只说八卦生自太极，未说太极的内容如何。对《说卦》所描述的八卦图，只在行文中表示肯定之意，而对图中央的圆形空白，却未赞一辞。在他的思想中，这个圆形物是否就是他所说的太极，或者这太极本身是否就是个虚无的空白，他毫无表示。至于这个空白圆形，有何内容，起何作用，来自何处，他更是在话里言外也没透露。以今天的哲学观点来观察，这个生出天地万物的始祖，并不具有人格性，它和作为客观存在的黑格尔的"理念"，倒有些相近之处。但这也仅仅是相近而已，并不是等同。易学家也有类似观点，如南怀瑾就说过："这个图（指十二辟卦图）的中心是空的，……其实这个中心最重要，它代表了太极，亦即是本体，是空中无物的"（《易经杂说》）。他所谓本体，当然指的是宇宙本体。这样说来，既然"太极"是个空中无物的宇宙本体，而孔子却在《系辞》中独创地提出它来谈论，说"易有太极"，这岂非"言

有说无"又是什么？这样一来，这个太极倒有点象佛家所说"真空妙有"的宇宙本体了。

其实，仔细看看，便可悟到，八卦图中心的圆形物，其本身的空圈并不是绝对的无。圈内空白处为阴，圈的本身为有，它是阴阳、有无的统一体。形之于画为阴阳鱼，形之于文为阴阳或有（阳）无（阴）。所差的只是形与未形而已。这样，既然太极是有无的统一体，那么说有太极，实质上可视为言有说无，也未尝不可。在哲学史上视太极为无的观点，早就有过。《周易正义》引何氏曰："上篇（指易经上篇）明'无'，故曰《易》有太极，太极即'无'也。"可见，太极问题和无有问题的关系，早已成为人们注意的标的，只是尚未展开论述而已。

综前所述，关于"大易不言有无"的问题，可以得出如下结论：作为宇宙观，大易不"言"有无而"现"有无，也可以说，它明言有而暗现无。如果说，《易》以道阴阳，一阴一阳之谓道，而有为阳、阴为无，则有无相生而不能相无；言有的背后必有存无的阴影。太极是孔子首创的概念，围绕它的有无问题，看来还得用他的观点来解决。他认为"书不尽言，言不尽意"，怎么办？只好"立象以尽意。"也许在他看来，八卦图及其中央的虚无的"0"象，就是把言有之后的未尽之意加以默现的最好形象吧。为此，本文仅以下面两句话作结语。大易是："立言以尽有，立象以存无。"

附注

《社会科学战线》1995年第三期载有《关于空间维数的几点思考》一文，其中有言曰："太极图的中心不是纯粹的'无'，它是相当于物理学所谓"零维空间"，它是真实的，因为正是它，可以正确地反映物质无限可分性。"

这段现代物理学对太极图空白中心的解释，对认识"大《易》是否言有无"问题，具有直接的意义，谨录以为进一步探讨的参考。

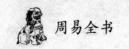

第十篇 象乎 辞乎

　　在古代经书中，尚书比较难读，其难处端在文字古奥，不易理解。但只要过了文字关，内容便晓畅明白。对比之下，诸经中周易最不易解。自孔子以来，二千余年言《易》者无虑数千余家，而经文训解，众说纷纭，学术上莫衷一是，初学者难以入门。

　　周易难读的原因有二：一是文辞多隐语、比喻，含义模糊。又富于占筮语言，句式不整。如以常规的语言习惯读之，则会隧入五里雾中，彷徨莫解。二是不仅文字关难过，更令人伤脑筋的是除咀嚼文辞之外，还必须思索象数，玩象观数，配合文辞，从中体会其深理奥义。不彻底了解象数，即无法吃透文辞。这一问题，看似简单，实很复杂。由于对此认识不同，易学史上遂造成分歧的宗派，延续至今，尚无趋于一统的趋势。

汉《易》与宋《易》

对此，杭辛斋先生曾有一段评语，他说："自来言《易》者，不出乎汉宋二派，各有专长，亦皆有所蔽。汉学重名物、重训诂，一字一义，辩析异同，不惮参伍改订，以求其本之所自，意之所当……严正精确，良足为说经之模范。然其蔽在墨守故训，取糟粕而遗其精华……隘陋之诮，云胡可免。宋学正心诚意，重知行之合一，严理欲之大防……所谓和顺于道德，而理于义，穷理尽性以至于命者，亦未始非羲经形而上学之极功。但承王弼扫象之遗风，祗就经传之原文，以已意为揣测。其不可通者，不惮变更句读，移易经文，断言为错简脱误，此则非汉学家所敢出也。"（《学易笔谈·汉宋学派异同》）

汉学重训诂，宋学重义理，学术史上早有定论。但就《易》学来说，上面这段评语，并未击中要害。简言之，汉易的主要特点在于以卜筮为主的象数探索，宋易的主要特点则在于以阐发易蕴的为目的的义理发挥。汉

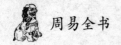

易之蔽主要在于形式化而坠入迷信。宋易之蔽主要在于脱离形式而纵谈哲理，往往流于空虚。学派的发展如此，学《易》读《易》的道路亦复如是。——既玩象数，又玩文辞，使两者融合，从中体会周易的本义与真髓，这才是学《易》研《易》的最佳方法。

孔子的体会

在易学史上，学《易》而收获最大的，首先应该说是孔子。在《系辞上》中他曾这样谈到自己的学习体会：

"书不尽言，言不尽意。……圣人立象以尽意，设卦以尽情伪，系辞焉以尽其言，变而通之以尽利，鼓之舞之以尽神。"（十二章）

这段话的大意是，文字无法完全表达语言，语言又无法完全表达思想。为了克服这种缺欠，圣人便制作图象借以完全表达思想，设置卦形借以表达善恶真伪，附缀文辞借以完全表达语言；又使卦与爻极尽变化而互相融通，完全发挥其有利作用以鼓舞人们，并能充分发挥其神妙莫测的作用。简言之，孔子的体会是，周易通过象数与文辞的结合与互助，充分表达人间的善恶真伪及其变化，从而起到鼓舞人们的有利作用。

孔子对周易的功能作了这样极高的评价，是否确当，这里姑置不论。值得我们注意的是，这段话为后学者提出了一个学《易》的正确途经，即：从象、数、文辞的结合中学《易》，而不可偏废。汉易之繁琐牵强而推演象数，是对孔学的一个反动，而自王弼扫除象数，以老解易以来，直到程颐为首，以发挥儒理为主的宋学，又是从另一极端对孔学的一个反动。

象辞之辩

作为例子，象数派的问题与一般学《易》读《易》，关系不大，这里略而不谈。仅就义理派的宋代《易》学大师程颐的治《易》方法，略抒己见。

在《周易程氏传》序言中，程颐首先说："前儒失意以传言，后学诵言而忘味，自秦而下，盖无传矣"。对不重义理的象数派及其他《易》注，作了否定。然后说："予生千载之后，悼斯文之烟晦，将俾后人沿流而求源，此传所以作也。"表明了自己阐发周易本义以引导后学的写作目的。接着又说："君子居则观其象而玩其辞，动则观其变而玩其占。得于辞，不达其意者有矣，未有不得于辞而能通其意者也……予所传者辞也，有辞以得其意，则在乎人焉。"说明了所写《易》传的主要目的和内容。

这段序言中有两点值得注意：第一是程颐对象与辞的看法。所谓"观象玩辞"，这是继承孔子的说法。但实际上程颐是以辞为重点。二是清楚说明注《易》的目的在于阐发义理，所传的在于文辞。简言之，就是解释文辞，阐发义理。至于如何观象玩辞，则只字未提。

千余年来，学《易》者的主要教材（或标准教材）是程颐的《易传》。为此，千余年来读《易》人大都以解辞为主，甚至单从解释文辞中学习《易》理，如此说，未必过分。

但是，如前所述，若想学通周易，必须玩象玩辞，双管齐下。单传其辞而欲使人通其意，必将与《易》意游离，难得真髓。

这一问题，说来不难明晓，做来却十分艰难。直到明代，来之德先生潜影深山，苦心钻研周易二九年之久，方才了然醒悟。在《易经集注》序言中他断言：

"自王弼扫象以后，注《易》诸儒皆以象失其传，不言其象，止言其理。而《易》中之取象旨，遂尘埋于后世。本朝纂修易经性理大全，虽会诸儒众注成书，然不过以理言之而已，均不知其象。不知文王序卦，不知孔子杂卦，不知后儒卦变之非。于此四者既不知，则《易》不得其门而入。不得其门而入，则其注疏之所言者，乃门外之粗浅，非门内之奥妙。是自孔子没而《易》已亡，至今日矣。四圣之《易》如长夜者，二千余年，不其可长叹也哉。夫《易》者象也，象也者像也，此孔子之言也。……《易》与诸经不同者，全在于此。"

在如此强调断言易象重要性之后，又陈述其理由说：

"有象，则大、小、远、近、精、粗，千蹊之理，咸寓乎其中，方可弥纶天地。无象，则所言者止一理而已。何以弥纶！故象犹镜也，有镜则万物毕照，若舍其

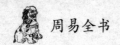

镜，是无镜而索照矣。"

如此，以比喻方式阐述《易》象重要性的理由之后，他得出了一个坚定的结论：

"不知其象，《易》不注可也！"

这个排他性的结论，虽未指名道姓，但其矛头直指宋《易》尤其是程颐《易传》，则是不言而喻的。但从学《易》的门径来说，过份强调玩象而轻视解辞，也未始不是一偏。

观象玩辞

本文不拟对《易》学学派之争，进行评论。只是想从学派的治学方法中吸取一些前车之鉴，以为学《易》解《易》探索一条合理的有效途经。基于这一目的，在作了上述开宗明义之后，再举出若干例证，以说明问题。

例一 《乾》卦初九："潜龙勿用。"

程传为：

"下爻为初。九，阳数之盛，故以名阳爻。理无形也，故假象以显义。《乾》以龙为象。龙之为物，灵变不测，故以象《乾》道变化，阳气消息，圣人进退。初九在一卦之下，为始物之端，阳气方萌，圣人侧微，若龙之潜隐，未可自用，当晦养以俟时。"

这段注释讲了四点：一、"九"数的阳性。二、借象显理。三、龙性象乾道。四、圣人潜隐时当晦养以待。文辞解得明白，但象义只限于圣人，过于泥凿。

来注为：

"潜，藏也，象初。龙阳物，变化莫测，亦犹乾道变化，故象九。且此爻变《巽》错《震》，亦有龙象。故六爻即以龙言之。所谓拟诸形象，象其物宜者此也。勿用者，未可施用也……《易》不似别经，不可为典要。如占得潜龙之象，在天子则当传位，在公卿则当退休，在士子则当静修，在贤人则当隐逸，在商贾则当待价，在战阵则当左次，在女子则当愆期。万事万物，莫不皆然，若不知象，一爻止一事，则三百八十四爻止作得三百八十四件事矣。何以弥纶天地。此训象训字，训错综之义，圈外方是正意。三百八十四爻做此。"

在训辞上程来之说大体类似，但在训象上却大有差异。差异在于，来说讲"变《巽》错《震》"（初爻动则为《巽》，《巽》之反卦则为《震》），是汉易之遗绪。程传不讲。另外，程传把潜龙只训为圣人，不脱孔子文言的窠臼。来氏虽以绍孔自居，在训象上却有所超脱。他把君臣上下各类人，包括少女、战争等在内，凡是时机不利应当晦隐待时的人，都纳入潜龙勿用的象意范围，使人读来不仅明白辞义，尤能对《易》象的包蕴性与灵活性有所领悟。显然，较之程传高出一筹。至于其采取汉易之错变说而有牵强附会之嫌，则应当说是过份"着象"之蔽。

例二 《乾》卦九三"君子终日乾乾，夕惕若，厉，无咎。"

这一爻，爻象爻辞本身意义明晰，不难训解。但就全卦来看，却出现一个爻象不统一的难题。本来乾卦以龙取象，应是如孔子所谓"时乘六龙"，六爻皆以龙为象才是。但偏偏三爻却直接取象于人，以君子代龙。这是什么道理？

这一点，程传未加解释，仍只按文辞，发挥其理学大义。来氏则谓：

"以六画卦言之，三于三才为人道，以乾德而居人道，君子之象也。故三不言龙。"

来氏此说，是袭用晋人干宝的观点。干宝说："爻以气表，繇以龙兴，嫌其不关人事，故著君子焉。"（《周易集解纂疏》《乾》三爻注引）

这种解释初看似乎有理，但放眼全卦就不能自圆其说。因为，同是就六画卦而言，四爻也属于人位，爻辞却返回来又取象于龙说："或跃在渊，无咎。"这不是自相扦格么?! 故此，来说难以成立。

对此，王弼早有解答，他的答辞是："余爻皆说龙，至于九三，独以君子为目，何也？夫《易》者，象也，象所生，生于义也，有斯义，然后明之以其物。……统而举之，《乾》体皆龙，别而叙之，各随其义。（《周易》王注）

王说的根据是象由义生，象随义变。但何以余爻取象于龙合于斯义，独三爻之义不能以龙为象？他却略而不谈。直到清代陈梦雷的《周易浅述》问世，才把这一疑问解开。陈说："六爻取象三才，则三为人位，故不取象于龙，而称君子。"说到此处，其训解仍不出干氏

来氏之说。但他接下去又说：

"处危地而以学问自修，君子之事，非可言龙也。"

后面这句话，颇有道理，说到了是处。显然，既然义为君子修身之理，所谓终日"乾乾夕惕若厉无咎"云云，其主语如龙，即成怪话，令人难以理解。为此，《乾》三爻以君子设象代替龙象，既合乎龙德一贯之义，又使取象贴切原义，其缀辞之高明，实令人钦佩。

设想一下，便会晓悟，正如"君子乾乾"不能改为"龙乾乾"一样，"见龙在田"也不能易为"见君子在田"。"或跃在渊"也只能指龙，而不能指君子。"飞龙在天"，绝不能易为"飞君子在天"。同样，"亢龙"也不可写成"亢君子"。可见原文主词的安排（包括省略），确实熬费心机，十分精当，另一方面，三爻虽以君子为主词，但这是具有龙德的君子，实质上仍是一条龙所处六个时位当中的一位，换言之，亦即一条龙活动所经过的潜、见、乾乾、跃、飞、亢六个阶段之一。

如上所述，来氏玩象解义的办法对学《易》释《易》大有帮助。但其中所用汉《易》的变卦错卦之法，却是有时通有时不通的人为解法。在《乾》卦初爻，以变《巽》错《震》来释潜龙（《说卦》以龙象震）虽嫌繁琐，还说得通，但对二爻，却行不通。如说二爻变《离》错《坎》，则《坎》象水（《说卦》）而水与田难成一体，与见龙在田之义，无法沟通。也许有鉴于此，来氏只好用暗示的句法，把田字释为"地之有水者也"，以使水与田结合，暗地贯通变卦错卦之法。大约来氏也感到贯通为难，故而在九二爻注中未敢明面提出变错。九五爻上九爻注中亦复如此。即此亦足见，玩象解易也要避免历史教训，不可过份。

例三　乾卦九四爻"或跃在渊，无咎。"

对此爻辞，程传说：

"渊，龙之所安也。或，疑辞，谓非必也。跃不跃，惟及时以就安耳。"

大意为：龙或跃入渊（龙宅）中以安身，或不跃入，端在把握时机。此注与孔子《文言》之意略有出入。《文言》注说"上下无常"，意为或者上跃，或者在渊，即或跃或伏，随时而定。显然，《文言》之注，优于程传。实际上此句经文甚易解，只不过其文法异常，带有隐语兼卜语性质，令人易生误解而已。一般经书，不宜增字解释，但读《易》时则必反其道而行之，倘不增字，则处处遇阻，无法疏通。最明显的是许多句子缺少关联词，读时必得加上，才能懂得文意。如"厉，无咎"一句，是省了转折连词"虽"字。加上虽字，成为"虽厉，无咎。"文意便豁然开朗。九四爻辞亦复如是，增补或字，成为"或跃或在渊"，意思便完全清楚，孔子注此爻时，虽未明说如此，而说"上下无常"，但其内心语言显然就是如此。历代不少易学家袭用孔子的解释，似乎已不成问题。但以私淑孔学自居的来之德，对此却作出了另一种注释。其言曰：

"或者，欲进未定之辞，非犹豫狐疑也。或跃在渊者，欲跃犹在渊也。"

或字不表示狐疑，这是对的。它是所谓选择性连词，用以表示可进可退，跃处随时，审时度势，以定行止之意。这一点来氏的话是正确的。但往下用"欲跃犹在渊也"来解释"或跃在渊"，就脱离文辞而游于意解，与孔子所讲的"上下无常"，意思不同。但另一方面，来氏往下所作的分析，却有可取之处。他继续说："九为阳，阳动故言跃；四为阴，阴虚故象渊。……九四以阳居阴，阳则志于进，阴则不果于进。居上之下（指上卦之下），当改革之际，欲进未定之时也。故有或跃在渊之象。"（《集经集注》）

此注从爻象上对九四作出分析和阐释，较之单从字面注解爻辞，要深刻得多，有助于充分理解经文的奥义。如拿来配合《文言》的解释，便可对此爻的意义和作用产生充分全面的认识。

由此例也可看出学《易》解《易》之难，不仅观象难，玩辞亦难。程、来二大家于此亦不免有闪失，足见古人之皓首穷经，可谓良有以也。

例四　《坤》卦初爻"履霜坚水至。"

此爻辞象意明显，一望即晓。其防微杜渐之戒义，自古诸家说法，大体一致，但深度却有所不同。程传谓：

"阴始生于下，至微也。圣人于阴之始生，以其将长，则为之戒。阴之始疑而为霜，履霜则当知阴渐盛而至坚水矣。犹小人始虽甚微，不可使长，长则至于盛也。"

来传谓：

"霜，一阴之象；水，六阴之象。方履霜而知坚水至者，见占者防微杜渐图之不可不早也。《易》为君子谋，《乾》言勿用，即《复》卦闭关之义，欲君子之难进也。《坤》言坚水，即《姤》卦女壮之戒，防小人之易长也。"

程、来两家的释辞大意类似。不同点是：第一，程对阴象活动的分析，只言其始，未及其成。来则从一阴言及六阴，使霜长致冰之象与全卦阴象结合，给人以贴切之感。当然，这不是来氏的创见。孙星衍《周易集解》引褚氏的话，早就说过，"履霜者从初六至六三；坚水者从六四至上六"，以全卦的阴气发展解释初爻，颇有见地。第二，程传止于就一爻释义，来传则联系《乾》、《复》、《坤》、《姤》四卦，阐释周易爱君子、防小人、扶阳抑阴之微意（《乾》初爻嘱君子晦养待时，《复》象有安静养阳之义。《坤》初爻戒君子防阴长，《姤》卦辞诫君子防阴壮）。如此融会贯通来讲，会使人进一步领会《坤》初的精神实质。即此一例也可看出，离象解辞是讲不透也学不好周易的。

难解的"以"字

读周易，在观象玩辞上难点很多。有的地方，许多名家都说不准或说不清。如《大象》中的"以"字，便是如此。

古人解经，只是解意，并不象现代这样，逐字译解。故而有些辞语，尤其是虚字，多半一疏而过，并无实解。对《大象》的注释，大多如此。这里仅引程、来注释，略及其他。

《乾》象：天行健，君子以自强不息。

程传："乾道覆育之象至大，非圣人莫能体，欲人皆可取法也，故取其行健而已，至健固足以见天道也，君子以自强不息，法天行之健也。"

此注对以字未直接作解。仅指出"取法"之意，似与以字相关。末句"以自强不息法天之行健"，表明以字为"用"之意。从文法上分析，应理解为：君子用自强不息来效法天行之健，大意虽然不差，但原文并无效法字样，且以自强不息为以字的介词宾语，后无谓语，

语意不足。所以如此，端在注者对此处的以字究竟当什么讲，有何含意，并未说清。

再看来传：

"天行者，天之运行，健者，运而不息也。……以者用也。有所因而用之之辞，即"箕子以之"之以也，体《易》而用之，乃孔子示万世学者用《易》之方也。"

此注较程注细致，对原文逐字作了解释，把以字的语法意义及其作用，总结为"有所因而用之"，即"体易而用之"。以今语来说，就是孔子学易有所体会而用此体会之意，此解十分精当，恰合原意，较程传为优。显然，孔子作象辞时，顺当时行文习惯，在以字前后作了省略。如果试作补充，则可说成"天行健，君子（体之）以自强不息。"如此，则全易六十四个大象辞，全可疏通无碍。倘如程注直用以字后边的话作宾语，则不少地方难以说通。但在这一点上，来氏的解说也出现前后矛盾之处。如对《坤》卦象辞的解释，他说：

"厚德载物者，以深厚之德容载庶物也。"

这样一来，又陷入将之以字视为普通介词，将"厚德"视为其宾语的浅见。以字如此和后续成分直接构成介宾结构，那么，它与前文"地势坤"又是什么关系呢？又有什么联系呢？在语法意义上势必前后脱节。所以这句话如能解作"地势坤。君子（法之，而以之）厚（其）德（而）载（其）物"，则来氏的以字解"有所因而用之"，可前后一致而免于自相矛盾。

单将以字释为用，视为普通介词，而将其后文视为宾语的观点，在大部分象辞中是说不通的。如《屯》卦象辞："云雷，屯，君子以经纶，"意思是君子体之，用以经纶之意，经纶是全句谓语，而不是以字的宾语。《需》卦象辞"云上于天，需，君子以饮食宴乐。"意思是君子体之，而用以饮食宴乐。饮食宴乐是全句谓语，不是以的宾语。全句之意不是君子以饮食进行宴乐，而是君子实践卦义，进行饮食与宴乐。《小畜》的象辞表现得更明显。所谓"风行天上，《小畜》，君子以懿文德"。懿是动词，美化之意，全句大意是君子观风行天上卦象，体会其涵义，用以美化文德。亦即君子依此卦意义的体会来美化文章、才艺与道德。六十四个象辞全部可作此解，并无例外的以字。

　　需要补充说明的是，六十四上大象辞当中，有十一个不以君子为主词，而分别以先王（七）、后（二）、上（一）、大人（一）为主词。如《比》卦象辞为："地上有水，先王以建万国、亲诸候。"对此象辞，程、来二氏（还有其他易家）俱把先王视为主词，都解作先王观《比》之象，建万国，亲诸候。亦即先王观《比》之象，有所体会，而用以封建万国，亲近诸候。字面上当然是这个意思，但实质上对《比》卦象有所体会的仍是君子，亦即撰象辞的君子，也就是孔子。是孔子观其象而有此体会，有此体会而后写成象辞，这是不言而喻的。这一点《易》注家当然知道，只是未具体讲清而已。

　　以上所述，只是一些简单的道理和无系统的例证，并非全面论述学《易》释《易》的方法与门径，更不是对易学大师的名著妄加訾议，不过凭借一些注例，谈谈学《易》解《易》过程中的一些困难而已。

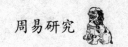

第十一篇　《易》苑漫步

入门未必易，升堂至今难，

若问升堂后，入室难又难。

日本老同学的孙女山口芳子，专攻汉学，尤喜周易。趁访华之机，来我"三易书屋"，漫谈《易》道。自晨抵晚，兴犹未尽。乃于晚餐小酌后，漫步庭宛，在月光朦胧中，继续畅谈。偶有心得，则相视大笑，乐在其中矣。爰志其大要，以为雪泥鸿爪之念影云尔……

难过的文辞关

芳子：说来说去，话又说回来了，还是从头说起吧！学什么都应该从易到难，循序渐进，学周易似乎也不例外。初学时，除了记一记阴阳八卦、六十四卦的结

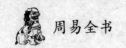

构之外，第一步应该从哪里入手呢？程颐先生讲文辞是要点，也是近处，"善学者求言必自近，"学周易应从文辞入手。看来，似乎这是学《易》先易后难的第一步，一般也都是这样做的。但我学《易》好几年，感受却是另个样子。我感到学文辞虽是第一步，是近处，但并不容易，甚至比象、占更难。所以我学《易》的实感之一是，不是"先易后难"，而是"难之又难"。先生以为如何？

笔者：你的实感有道理，听起来倒有些过来人的味道。程先生的《易传》，主旨在传辞。他认为在辞中理象占融会变通，"无所不备"，善学者从文辞入手是一条近路，亦即通晓文辞即可达到通晓全局。他是强调辞的重要性和学辞为学《易》的捷径，并不是说学《辞》是由易到难的第一步。可以说，解辞不是学《易》之易，而是学《易》之难。最简明的例子，六十四卦的卦名多为一个字，最多两个字，总共只有八十个字。看似简单易解，其实很难讲明白。你信不信？如果你真明白了这八十个字，你就明白了全部周易的大意。这样说，绝不算过分，过来人是心里清楚的。再举一个例子，把学辞看作学《易》近路的程夫子怎么样？他研究周易半辈子，有些文辞却搞不通，有的则解的并不恰当。如《坤》卦辞："元亨利牝马之贞。"他的断句是"元，亨，利，牝马之贞，"为的是和《乾》卦辞"元、亨、利、贞"的四德保持一致，这显然是牵强的。其他学者，如于宝、虞翻、孔颖达、俞琰、金景芳等均断为"元，亨，利牝马之贞"，文从字顺，表意恰当，均较程传为优。这一点，来之德讲的很明白，很对。他说："与《乾》卦元，亨，利，贞同，但《坤》则贞利牝马耳。程子泥于四德，所以将利字作句。"对程传作了批评。由这一例证可见，通晓《易》辞是如何之难。

芳子：确实是这样。许多文辞是比喻、双关、隐语之类，而且语法上残缺不全，又没有句读，所以不少爻辞含义隐晦，可作多种解释，难以判断哪个是正解，是表达本义的。只好并存，不了了之。这个拦路虎一开始就出现在我的面前。六十四卦之首的《乾》卦卦辞"元亨利贞，"怎么断句？春秋时代以来大多断为并列的"四德"，即乾天的四种德性。但也有的易学者断为两句。如来之德说："……文王言筮得此卦者，大亨而

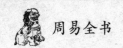

宜于正固。"又驳斥他人说:"此文王占卜所系之辞,不可即指为四德。"朱熹也说过这四字的意思是"言其占当得大通,而必利在正固",都把元亨利贞解释为两句,而且朱、来二氏都认为这四字不是表示《乾》的四德,而是作为占辞,"大亨"表示吉卦,利贞表示占者应持守正态度。这两种分歧的意见,哪个正确,初学文辞的人,实在无从分辨。学六十四卦文辞,头一卦就碰到这么难的东西,委实让人头痛。先生,你看这个学习难关,怎么才能闯过去?

笔者:这真是个难关。不能凭力气硬闯,只能耐着性子慢慢地"磨",磨来磨去,才会有朝一日,豁然贯通,回头看看,已经过了关。只能如此。回头想想,周易文辞的特点,可说在于它的模糊性。想要把它完全弄清,如同数学公式那样,恐怕永远也不可能。不要说我们一般人,就是朱熹那样大学者也搞不明白,还出了错解。例如"元亨利贞"的"元"应是"始"的意思,朱氏却把它解作"大"。许多名家都认为是讲错了,这已成定论。所以,周易的文辞难讲并不奇怪。

你举的《乾》卦卦辞,还不能说是学解周易文辞碰到的第一个难题。第一个难题乃是周易的名称。"周"字好讲,《易》是周代作成的,所以叫周易。也有人说,所谓"易道周普,无所不备",周是普遍的意思。《易》的道理可以普遍应用于人间天上,故名周易。比较起来,多数学者赞同第一个说法,我也如此。但《易》字的讲解就不这么简单了。它的含义,我在《易名辨》时举出了"变、简、不、交、日、月、蜥蜴、目彩"等七个说法,但还不足。其中说《易纬·〈乾〉〈坤〉凿度》认为易字是日与月的合字,表示阴阳推移。这种说法不对。易字是由"日"与"勿"二字合成,勿不是"月",应是"夕",日与夕交替,以示时间的轮流,这才是易字的本义。这七个学说还不够,另外还有个说法,说易字的本诂是占卜,古书上的"易之",有时是"占一占"的意思。著名的《周易尚氏学》就是这么说的。除此之外,宋代哲人明道先生还有个关于易字的界定。他说:"盖上天之载,无声无臭,其体则谓之易。"朱熹在《近思录》里阐述说:"体是体质之体,犹言骨子也。易者阴阳错综,交换代易之谓。……天之载……虽是无声无臭,其阖辟变化之体,则谓之易。"这是从

哲学的角度对易名作此解释。本质上仍是在上述变易说的圈子里打转转，并不是独具一格的创新。这样总计起来，便有十种说法。至于哪个说法算是正解。审察起来，非常繁难。

芳子：那么，在先生看来，哪个说法比较合适？

笔者：各有各的根据和道理。依我看来，还是变易说比较好，因为它符合周易的本性，能把其他八种说法的基本精神穿连起来。总而言之，由此足见读《易》解辞之难。学《易》也许不得不从解辞入手，但绝非由近及远、由易到难。

芳子：很多文辞，尤其是爻辞，不是越读越易解，而是越读越繁难。真令人头痛！先生，您看这个难关怎样才能过去？

难解是周易的本性

笔者：这个难关确实不容易过。但你要知道，难解是周易此经的本性所决定的。表面看来，周易是预占吉凶的卦书，骨子里却是讲义理讲修养的书，和前代的龟卜、后代的占课之类的肤浅的数术，根本不同。它的驱体与灵魂统一地蕴涵在《易》象中。从往古的所谓伏羲画卦，或进一步演卦，直到周初文王缀辞为止，在漫长的时代中，《易》也许是有象而无文。就是说，只有以阴阳八卦为基础而展开的六十四卦的卦象体系，没有卦辞爻辞。至于夏有《连山》，殷有《归藏》，虽和周易有很大区别，但一定也是先有象而后有文。就周易来说，文王是先读《易》象，领悟其中深藏的道理，而后缀以文辞，加以表达的。所谓"辞自象出"，就是这种情形。辞，不过是表达象意的手段或工具，和其他经书，如《诗》《书》《礼》《春秋》之类纯以文字为思想感情载体的，迥乎不同。附着象体的文辞，本身并没有独立自足的性能。打个粗陋的比喻，《易》辞有些象文物的说明书，离开其附着的文物就不知所云，毫无意义和价值。更何况所缀的是隐譬语，离开母体就象零七八碎的谜语一样，更不知所云了。

芳子：是的。《易》体就是象体，象意晦而且奥，难以体会。文王以他圣明的智慧，钩玄索隐，表之于文辞。虽然文王深解《易》象的内涵及其演化，但他没

有使用浅显明白的语言，所以后人读了，理解不了……

笔者：文王缀辞时使用难懂的语言，也许有他的苦衷或深意。但即使他使用当时的通俗白话，恐怕也难以明确地表达《易》象的奥义，也就是作《易》者的创作意图和《易》象客观意义融合为一体所形成的奥义。所以伊川先生把他的《易传》交给人看的时候，曾经说过"只说得七分，后人更须自体究"这样的话。对此，江永先生解释说："此程子不足之意。然义理无穷，非可以言尽。"的确如此。义理非可言尽。因为，从根本上说，这牵扯到语言文字自身功能的局限性问题。

象的优缺点

芳子：我想起来了，孔子在《系辞》里说过，"书不尽言，言不尽意"，是不是指的这一点？

笔者：大体上是这样。孔子以其高超的思维能力，看透文字不能完全表达思想。同时他从周易发现，只有象能够完全表现思想，他所说的"立象以尽意，设卦以尽情伪，"就是指此而言。意思是，周易的内在思想和思想的虚虚实实的变化，只有凭借卦象和爻象才能完全表达出来，而语言则不能完全表意，文字更差，连语言也不能完全表达。那么，给周易缀上文辞又有什么好处呢？孔子认为，"系辞焉以尽其言，"加上文辞，是力求尽量表述解释周易的语言。换句话说，孔子的想法是，以象为主，加上语言文字的解释，以期尽量完美地表达周易的内在思想。

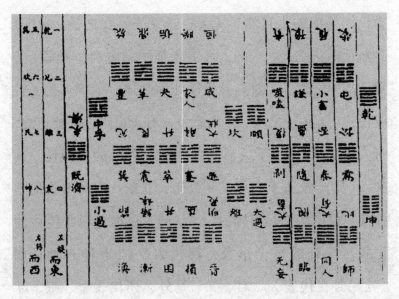

三十六卦变六十四卦图，出自宋·王湜《易学》

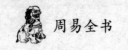

《易》象的表意功能

芳子：请您谈谈象在表达思想上的优缺点。

笔者：《易》的象，基本上是由阴（袹）阳（—）两个形象组成的，《易》体原是（袹）（—）两象组成的形象网络。象的优越性很多，主要有四个：象征性、广阔性、多样性和双重性。宇宙人间的万事万物，包括物质与精神，无所不包。《乾》、《兑》、《离》、《震》、《巽》、《坎》、《艮》、《坤》八个卦象，象征天地水火风雷山泽构成的大自然。《咸》卦象征男女之爱，《谦》卦象征谦虚之德，《同人》卦象征团结之利，《师》卦象征战争之道，《困》卦象征处困之道，等等。孔子赞叹说："《易》之道，广大悉备，有天道焉，有地道焉，有人道焉。"道出了《易》象内涵与外延的广阔性。其次，《易》象适于表现千变万化、五花八门的事物的多样性。象的取义是多样的、灵活的，仅据《说卦传》的记载，八卦的每个形象，都代表一二十种东西。如《乾》卦在代表天、君、父、马外，还代表金、玉、冰等其他七种东西。《坎》卦以象水为首，共代表二十种东西，等等，多种多样，取象繁杂。而且取象还有灵活性，并不固定。依据情况，《乾》也可以象征龙，《坎》也可象征云，等等，后代的所谓《梅花易数》所以能把八卦的取象数目较《说卦传》增加了几倍，就是因为《易》的取象有很大的灵活性。另外，象还有虚实之分，《井》卦是水在上木在下，从木造井中打出水来。《需》卦是水在上天在下，象征水（云）在天上，尚未成雨，需要等待。《鼎》卦是火在上木在下，焚木成火，用以炊食，等等，都是摩仿实际的物象。至于《山天大畜》卦，山在上而天在下，山中藏天，象征宝藏丰富。《泰》卦是地在天上，表示地气下降，天气上升，二气融通之类，与实际不符，是为虚象。如此等等，灵活多样，一时之间，说也说不完。这种灵活多样性，大大增加了《易》象的表意性能。至于双重性，是说《易》象是由具体性和抽象性相结合而成。易象是形象，严格地说，是画成的，不是写成的。它既能表示抽象思想，又能描摩具体事物，包括具体的感受，都可以暗示。从思维的角度看，它不是表现抽象思想的单纯的逻辑思维，当然也不是表现生活形象的形象思维，它是一种图象，透过图象及其数的运动进行思维，表示意念、思想和感受。我无以名之，暂且呼之为图象思维或象数思维。这种思维所构成的图象，具有逻辑思维与形象思维相统一的优越性，也就是抽象性与具体性相统一的优越性。最简单的例子是阴（袪）和阳（—）两个图象。有人说"袪"象女阴，"—"象男根，也有人说"—"是一根竹棍的（卜筮用的）图象，"袪"是两棍竹棍的图象，"—"象天的单纯，"袪"象地的多样，等等，这是象的具体性。"—"象天性的"健"，"袪"象地性的"顺"，这是象的抽象性。《艮》卦䷳的形象像山，所以《艮》卦叫做艮为山，这是他的具体性。而山的性质是停止不动，所以《艮》卦的本性是"止"，这是它的抽象性。山之象加止之性，合而为《艮》卦，鲜明地表现出具体与抽象的统一。这样，止而不动的抽象思想来自巍然不动的山象，便给人以似乎可感的魅力。同时正是因为象具有广阔性、多样性并且具有抽象性与具体性融于一体的优越性，所以它也具有想象性，也就是能给人以驰骋想象的广阔天地。简单的例子，如《乾》《坤》二卦的初爻。

《乾》鹞初爻是纯阳阳始生于之象。始生是萌芽状态，虽生意勃勃，但力量柔弱，柔弱的嫩苗，最要紧的是静养，吸收外部营养，安心地等待时机成熟，再破土而出。若不自量力，盲目行动，必受挫折。当初文王观看这个爻象，发挥想象，便写下了"潜龙勿用"（龙是阳物，所以借以譬喻）四个字，作为表达《乾》卦初爻象意的爻辞。《坤》卦姤也是这样，通体是阴，初爻是阴气的始生，生则不已，阴气必从小到大，从弱到强。不达满阴绝不会停止而转化。文王看到初阴（袴）之象，便想象到全卦六阴（满阴）的趋势与后果，所以用"履霜，坚冰至"来比喻初阴必然向满阴发展的趋势，借以告诫世人，慎始知终，以趋吉避凶。这是《易》的图象的涵意给玩象缀辞者提供出来的驰骋想象、尽情猜想的谜团。所以周易中充满了一题多解，难以为典要。例如《需》卦的图象鸥是水在天上，水如何上天？细想便会领悟，含水的云在天上尚未成雨，岂不是水在天上？为什么水在天上而不下雨？古人想象，这是阴阳二气尚未融合的原故。联想人事，恰似施展抱负的客观时机尚未成熟。怎么办？不可急燥盲动，应该耐心等待。

等待的过程中要养精蓄锐，涵养精神，保养身体，以便时机到来（比如天上的乌云阴阳谐调，水落成雨），有所作为。依据这种水在天上的图象，文王发挥想象，便冠以需字，作为卦名。需有等待与需要二义，依据卦象，文王有所体会，说："云上于天，需。君子以饮食宴乐。"以饮食宴乐等待出世的时机，—这个象意的表达，不可拘泥。所谓饮食宴乐，不一定是吃喝玩乐，只要是耐心养生，静待时机，便都包括在内。先秦时代垂钓于东海的姜尚，甚至为人奴而谋生的五羖大夫，其耐心谋生、静待时机的情况，都属于"云上于天"而"需"的范畴之内。再如，《蒙》卦的图象鸊是山上水下，山中有水。文王首先给它加上个亨字，以表达他时此象意的体会与猜想。水在山中是尚未出山的山泉，正以涓涓始流的弱小姿态冲开山石的阻拦，流向山下的远方。虽然弱小，却有强劲的生命力，是新生事物，前途远大。文王的亨字，就是表达这种象意。还可以不厌其烦，再举个倒子。周易第三卦是《屯》卦，卦象鹊是水下有雷。周易卦序是从《乾》《坤》二卦开始的（不是单从《乾》卦开始，后详），《乾》《坤》（阴阳）相交而开天壁地,宇宙诞生。可以想象,宇宙初生时的情况当是激雨暴雷,洪水滔滔。所以周易以水加雷的图象表示这种原始状态。那么,在原始时代为了生存发展,人类首先应该做什么来克服困难呢?文王乃依据这种象意,在卦辞中提出了"利建侯"的口号。如果从字面讲,应是"利于树立君王"。但从象意看来,意思绝不是这么单纯。《易》象允许人们发挥合理的自由的想象或猜想,以充分开展与表达它的内蕴。应该说,"利建侯"的意思不仅是树立首领以领导活动,凡是建立组织、法规和秩序,以利于共同行动、战胜困难的思想,都符合《水雷屯》卦的象义。《易》象允许观者想象、联想、猜想,参之悟之。这是《易》象本质的性格。

由此联想到所谓"互体"之说的正误问题。你知道,互体是把六画卦分为上下两个三画卦之外,又把二、三、四画和三、四、五各算作一卦,使一个六画大卦成为四个三画小卦。但不少易学家反对互体之说,认为这种分法不是周易的本义。是否如此,我们暂且不去管它,反正二个三画卦所组成六画卦,就图象本身的结构来说,当然含有分成四个三画卦的可能性与现实性。

互体不是外加的而是卦象内在的体制。以古人的话来说，可谓"此亦《易》之一义"。换句话说，《易》象本身的象征性、广阔性、多样性、抽象性与具体的统一性等，允许观者在象界的范围内，发挥想象、联想、引申、乃至猜想。总而言之，可以说，这是作为逻辑思维与图象思维相结合优越性。

除此之外，《易》象还有一个其他图象或文字所没有的优越处，就是它的演变性，所谓"易以道阴阳"，阴阳二象的组织和变动，构成了《易》象的各种形态，蕴涵或表露出《易》的千变万化、丰富多彩的情态和义理。它不象其他图象（如《河图》、《洛书》）那样，保持固定的静态，它是灵活的、流动的、由阴阳两爻相反相成、交替流变而形成的。《系辞》所谓"周流六虚，变动不居，上下无常，刚柔相易，不可为典要"，就是指这一点说的。另外，《易》象的演变性还突出地表现在卦序和卦间的关系上。六十四卦从《乾》《坤》二象开始，止于《既济》《未济》。全经以不终（未济）告终。其卦象成双成对，各种各样的变化，形成了表达天人之道的有机的系列。同时，卦象与卦象的互相渗透和互相会通，如《乾》自《坤》来和《坤》自《乾》来，以及表示一年中季节推移的十二消息卦象的演变，等等，都是《易》象所特有的阴阳演变性。其他任何领域的图象，无论古今中外，都没有这样辨证式展开的演变性能与结构。《易》象的性能，内容很多。今天谈的，是它的概况。不足之处，以后在其他文章里再进一步补充。

芳子：这样看来，是否可以说，《易》的全部奥义是深藏在象中，并由象的运动而表示出来。语言文辞只是由圣明的头脑参悟后加以表达的工具。所以不懂象便不懂《易》。王弼扫象论《易》的作法有很大的偏颇。是不是这样的？

笔者：是的，可以这么说。正如孔子所说，书（文字）不尽言（语言），言不尽意（思想），语言、包括记录语言的文字，具有局限性，不能完全表达作《易》的思想。只有《象》才具有这样功能。不过，象也有缺点，就是它的内涵过于含蓄多变，以致表意模糊。所以还要配上文辞，千方百计，委曲婉转地力求把作者的思想表达出来。这才便于世人阅读、领会或运用，才能达

到义理教化的目的。

至于王弼，这个天才的哲人不幸早逝，令人惋惜。他也看到"象者，出意者也……意以象尽"，这是正确的，但另一方面又说："象者所以存意，得意而忘象……犹筌者所以在鱼，得鱼而忘筌……"。这显然是用庄子的道家思想来解释《易》象，不仅比喻不恰当，观点也是错误的。在易学发展史上他反对汉易象数派的形式主义，是对的，但扫象解《易》的作法，却未免偏激。你想想看，抛开《易》象而谈《易》理，怎么能够真正全面领会《易》中的奥义？其实，王弼注《易》，也如他人一样，不可能离开卦象光啃文辞。因为离开《易》象，文辞即不知所云。举个例子，《乾》卦第二爻是"见龙在田。出潜离隐，故曰见龙。处于地上，故曰在田，利见大人"。王弼讲："德施周普，居中不偏，虽非君位，君之德也"。一卦六爻，按三分法，自下而上，初、二爻为地，三、四爻为人，五、六爻为天，六个爻象表示天地人三个层次。初二爻为地，初为地下，二为地上，龙（比喻《乾》天）在初爻如潜隐于地下，龙至二爻，便似出潜离隐而升到地上，田就是地，见（现）龙在田，就是潜龙现于地表的意思。所谓"居中不偏"，是说按照易例（易的原则），爻有所谓"位"，最好的位是初爻与三爻之中的二爻和四爻与五爻之中的五位，这叫作"中"。"中"是卦爻象里最优越的自然地位，不偏不倚，不缺不过，孔子说"二多誉""五多功"，指出了爻象"中"位的得天独厚之处。王弼的注释，就是依据对爻象的这种分析，而后讲解了文辞的义理。和一般《易》家的作法大体类似，也是依象解辞。不过它不象象数派那样玩弄《易》象的形式，硬讲繁琐的卦变之类，牵强附会，任意引申而已。这个问题的轮廓大体是这样，详细的情况，以后有机会再谈。下面，我们回过头再来思索一下文辞的问题。刚才你说，文辞是表达象意的工具。这里我们需要探索一下这个工具的效能。孔子认为它的表意（语言的记载）功能有局限性，不能完全表达《易》的涵意。但没有说出理由何在。关于这一点，我想我们只好借鉴一下他山之石。

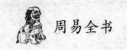

语言表意的局限性

关于语言（包括文字）的表现能力问题，外国哲学史上不乏论述。最著名的当首推德国大哲学家黑格尔的论断。在《逻辑史讲演录》里他曾说：

"语言实质上只表达普遍的东西，但人们所想的却是特殊的东西，个别的东西。因此，不能用语言来表达人们所想的东西。"

辨证法家列宁在《哲学笔记》中对这段话很欣赏。他加上批注说："注意，在语言中只有一般的东西"。同时写下自己的感想，说：'这是谁？是我。一切人都是我。感性的东西？这是一般的东西等等，等等。'这个'？不论什么都是'这个'"。黑格尔这段论述是极其深刻的，它道破了语言（包括文字）在表意上的局限性。列宁的体会也很深刻，令人深思。的确，事物是具有多角多层多面的规定性的，是具体的、可感的，反映具体事物的观念以及具体的活生生的思想，也是如此，但辞语却是单层的、抽象的，由词语组成的语言，也是如此，正如列宁指出的，"这"是个近指辞，可用来指示五花八门的任何具体的不同事物，包括思想。其单一性与抽象性，和事物本身的多重性、具体性，相距甚远。比如在日常生活中，我们对一朵花，一只蝴蝶的美丽姿态，或者一种厌恶的，乃至留恋的情感，都难以用语言表达。"可意会而不可言传"的事物、心情或境界，在生活中比比皆是。原因主要在于黑格尔所指出的，事物的具体性与语言的抽象性之间存在着矛盾。这就是孔子所说的"书不尽言，言不尽意"的根本原因。《易》作者的解决办法是"立象以尽意"，借助于可感可变，含有抽象思想的具体的"象"，来表达自己的意思。是创造了一个极其良好的表现手段。

但另一方面，《易》象在表意上又有很大的模糊性，一般人根本看不明白。所以不能不借助语言，合衷共济，以求比较完美地表达深奥的意义。缀辞的文王，似乎也感到语言本身的抽象性一般性的局限，所以缀辞时好象也尽量利用隐语、比喻，寓言、故事、诗歌之类的艺术描绘手法，通过形象语言，以期"状难言之情"，启发读者，把图象思维与逻辑思维结合，从而使周易的

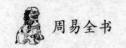

义理深入人心，达到洁、静、精、微的教化目的。这样，象与辞扬长避短，互补共济，把周易内涵的天地人三道，从深层中一步一步具体地表现出来。适应这种艰难繁杂的情况，我们后代学《易》的人，也只有遵照孔子的学习经验，"居则观其象而玩其辞"，在钻研《易》象中学习、咀嚼《易》辞，一点一滴，克服困难，开拓前进。这样，久而久之就能真正迈入周易的大门，继而不断努力钻研，才能有希望升堂入室。这里不存在什么由近及远、由易到难的捷径。

芳子：您的教诲，使我心悦诚服，我过去受程颐的影响，以为过文字关是个捷径，对"观象玩辞"的重要性认识不深，甚至以为明白文辞便可以明白周易。今天看来，这不仅不是由近及远、由易到难的捷径，而且，从根本上说来，倒是一条偏斜而迂回的道路。这样看来，以坚强的毅力，不懈的努力，观象玩辞，自始至终，不断战胜困难，稳步前进，才可说是学易的正确态度。

百忙之中，耽误了先生的宝贵时间，衷心感谢！

笔者：你学《易》难，我学《易》也不易。让我

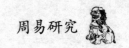

们共同在艰难的征途上，奋勇前进！

时当戊寅年初夏，傍晚时分，芳子陪伴笔者，在武汉东湖之滨信步而行。晚霞淡淡，暖风习习，绿波浩渺，幽静宜人。笔者不禁诗兴发作，遂口占一绝。诗曰：

> 绿波荡漾自悠然，长岸浓荫漫无边；
>
> 不仅苏堤明月好，东湖景色亦婵娟。

正当笔者为东湖美景所陶醉之际，芳子突然又把思想转向周易。

她问道："先生，有个问题时常萦迴在我的心里。我们日本人住在狭小的海岛上，自古以来，每天望着青天碧水，过着简单的生活，心情淡泊，胸怀并不宽阔。于是，在我们的传统思想中，似乎形成了一种以单纯为美的风尚。所以男女之间的所谓"纯情"，乃至由纯情而导致的"心中"（共同殉情），默默中很受到大众的赞扬。长话短说，在您看来，世界上有没有"纯粹"的东西？以周易的观点来看，这个问题应该怎样回答？

世上没有"纯粹"的事物

笔者：好哇！你学《易》理，能够联系实际生活，是一大进步。至于所谓纯粹也罢、单纯也罢，或者纯洁也罢，据周易来看，世界上根本没有"纯"的事物。纯，只是不切实际的愿望或理想。无论是物质世界，或是精神世界，都没有完全纯粹的东西，没有以纯粹之体独立自足的东西。你所说的男女间的爱情也不例外……

芳子：是么？真是这样么？我可不这么想。我觉得，难道殉情不正是由纯粹的爱情引起的么?!

笔者：问题的中心恰恰就在这里。正如周易里的阴阳互为其根，互依互交互变的规律一样，爱与恨是对立统一、相反相成的关系。有阴才有阳，无阳即无阴。单纯的阴不存在，单纯的阳也无法存在。你知道，太极图里的阴阳鱼头尾相交，并且阴鱼中含一白点，是阴中有阳；阳鱼中含一黑点，是阳中有阴。阴阳互依互含而存在，运动，交流，变化。清代《易》学大师李光地说《易》有交易、变易二义。"交易者阴中有阳，阳中有阴，互藏其宅者也。变易者，阴极而阳，阳极而阴，互为其根也。"他讲出了阴阳关系的主要内容。阴阳之道是宇宙的根本大法，任何事物都囊括在其内，爱情当然也逃不脱。没有恨，哪里来的爱？男女的殉情么，那是互相他杀的自杀。男女双方的爱，恶性发作，而互将对方推入死亡的惨境，把所爱的人，包括所爱的自己置之死地而后快，倘不是出自最大的憎恨，怎肯如此狠心？蒲洁先生的女儿被恋人所迫，丧失了年青的生命，是爱的结果，还是恨的结果？或者是由爱转恨的结果？再不，就是爱之纯、爱之切、爱之极，物极必反，爱中所伏的恨暴发出来，就造成了杀人遂心的可怕悲剧。拿周易来说，《乾》阳《坤》阴是对立面统一的典范。《乾》阳可代表光明，代表白昼，《坤》阴可代表黑暗，代表夜间。可是因为彼此的关系是互倚互含互转互化，所以《乾》阳之光明虽好，但走到极点，即转为《坤》阴的黑暗，白昼到头，就变为黑夜。因此，周易依据这一《乾》阳《坤》阴对立面互相转化的宇宙规律，对《乾》卦九五爻缀以"亢龙有悔"的爻辞。九五爻在《乾》卦六爻之中处于中而且正的最佳地位，再往上去，到上九，便达到满盈的过亢状态，由《乾》阳而转为《坤》阴。这一点，在季节演变的过程中，表现得最明显。依周易的十二消息卦来看，《乾》卦相当于四月，阳气最旺，长到顶点，进入五月夏至时，阳气旺极而消，成为一阴初生的《姤》卦。继而，六月二阴生成《遁》卦，七月三阴生成《否》卦，八月四阴生，成《观》卦，九月五阴生，成《剥》卦，十月六爻全阴成《坤》卦。如此阳消阴息，到这时阴气呈满盈状态。满则必变，进入十一月则一阳复生于下，成为《复》卦。阳息为二，是为十二月《临》卦；阳息为三，成《泰》卦，是为正月。继而阳息到四，成二月《大壮》卦。阳息到五，成为三月《夬》卦，阳息到六，长到最高峰，又复返为《乾》卦相当于四月。如此阴阳互为消息，交流循环，就表现出季节的推移周流。其中特别使人感兴趣的是，夏至是一年中阳气最旺的盛夏之始，而同时阴气却已悄然而生于底层，表现为五阳一阴的《姤》卦。同样道理，十月《坤》卦，全体都是阴气。十一月时，进入数九，一年中最冷的节气，冬至开始降临，而同时阳气却从底层悄然复兴，成为《复》卦。从这里，可以清楚而具体地看到阴阳互相包容、互为消息的形象。宋代学者朱熹说的好，他说："譬如阴阳，阴中有阳，阳中有阴，阳极生阴，阴极又生阳，所以变化无穷。"这是他在《近思录》里谈自己对张载哲学的感想时说的话，把个中的道理说的明明白白。

由此看来，爱之极（恐失掉对方）而转为恨（杀掉对方，以期永远独占）是势所必至，理所当然。这种"心中"的殉情行为，正是爱的过头而转化为恨的恶性发作。由此，我们应该看到，正因为爱中有恨，恨中有爱，爱恨互为其根，在一定条件下（过亢是条件之一）会互相转化，所以恋爱上也要戒盈戒满。

存在和无的统一

这一点，儒道两家在二千年前都有深刻的认识。

老子在《道德经》里说："天下皆知美之为美，斯恶已。皆知善之为善，斯不善已。"又说："福兮祸之所倚，祸兮福之所伏。"

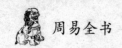

他说的很对，世上没有离开恶而独立自足的纯粹美，也没有离开不善而独立自足的纯粹的善。福为祸所倚，祸中藏有福。没有纯粹的祸，也没有纯粹的福。

孔子在《系辞》中谈周易的体会时说：

"危者安其位者也，亡者保其存者也，乱者有其治者也。是故，君子安而不忘危，存者不忘亡，治而不忘乱，是以身安而国家可保也。"在《文言》中他又说："亢之为言也，知进而不知退，知存而不知亡，知得而不知丧，……知进退存亡而不失其正者，其唯圣人乎？"

孔子以周易阴阳相反相成、互相转化的观点来认识安危、存亡、进退、得失，而不是片面地认为安就是纯粹的安，存就是纯粹的存，进就是纯粹的进，得就是纯粹的得，这是他学习周易辨证法两点论而得到的重要收获。

我们今天也无妨效法老子和孔子，这样说：

"爱兮恨之所倚，恨兮爱之所伏"

"亢之为言也，知爱而不知恨，知纯而不知杂。知爱恨纯杂而不失其正者，其唯深于易道者乎！"

拉拉杂杂讲了这么多，怎么样？你认为是不是合乎

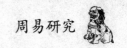

道理？

芳子：大体上我是听懂了，但还多少有些疑问。关于阴阳、爱恨这类概念间的关系和演变，我同意先生的论述。可是，有的事物却不好理解。比如"—"这个东西，就数字来说，它是个壹，就奇偶来说，它是个奇，就阴阳来说，它表示阳。可我依据先生所讲的《易》理来分析，总是想不明白：在它单独存在的时侯，他似乎就是个纯粹的"壹"、纯粹的"奇"或纯粹的阳。怎么也看不出它含有别的什么，看不出含有与它统一的对立面。

笔者：哲学是思维的学问，学周易要靠深思。孔子认为"学而不思则罔"，"罔"就是胡里胡涂。程颐的经验是"学原于思"。朱熹引申说："思所以发其聪明。"你的感受表明，你对"—"这个形象思索的不够深入，你再仔细全面想想，"—"这个形象，拿数字来讲，是个单纯的"壹"吗？

芳子：除了"壹"，还能有别的什么呢？

笔者：哈、哈。你再仔细端详端详，不要只看到"—"是个单纯的横杆，还要进一步注意，横杆两边有

两个端，一杆有两端，这不是"一"中之二么？一中有二，便不是纯一。对不对？

芳子：（大笑）真的，是这么回事，真有意思！我明白了，"一"，含有两端，作奇来看，便是含有偶，是奇中有偶。不是纯粹的奇。作为阳的形象来看，一阳的"一"含有两头，两是偶，是阴，藏在一阳的体内。阳体藏阴便不是纯粹的阳，不是独立自足的单纯的阳了。进一步说，阴的形象"一"，也是同样的道理。它是由两个"一"所组成的，"一"是阳，所以说阴中有阳。单纯的独立自中的阴也不存在。

笔者：好极了！举一隅而以三隅反——你的悟性很不错嘛！这样思之悟之，学《易》就可打破难关，升堂入室。

芳子：不敢当，先生过奖了。现在离天黑还有一会儿。趁热打铁，您能不能进一步讲述一下关于世上没有纯粹事物的道理？

笔者：其实，这个基本道理古人早已发现了，并不是什么新鲜事儿。我们不过是应用这个道理来观察、分析某些具体现象而已。

在这方面，探索最深，思维最精，概括得最妙的是德国古典哲学的最高大师黑格尔。他曾在《逻辑学》里说：

"在天地间没有任何东西不在自身中包含存在和非存在。"

"存在和无的统一……"。

这些高度概括的命题告诉我们一个真理：世界上任何事物自身都含有两个对立的方面，没有完全纯粹的事物。他又举例说，"据说黑暗就是没有光明，但在纯粹的光明中就象在纯粹的黑暗中一样，看不清什么东西。"仔细玩味一下，这个例子说得真是深刻极了，非常恰当。的确，正如没有黑暗的光明和没有光明的黑暗都不存在一样，没有恨的爱和没有爱的恨也都不存在。在认识到"存在和无的统一"的大前提下，就可顺利地认识到阴与阳的统一，乃至爱与恨的统一。

芳子：道理是这样的，世上不存在绝对的纯粹。但您刚才引述的名言是欧洲哲学家说的。我很想进一步了解，周易对这个问题的具体看法是怎样的。

所谓纯阳者，即非纯阳，是名纯阳

笔者：周易的经文没有具体谈到这一问题。但象里却蕴涵着这方面的丰富思想。举个简单的例子，《乾》卦的卦象是六个阳爻……

芳子：人们常说那是纯阳之体，有阳无阴。这么说，对不对呢？

笔者：可以仿金刚经的口吻，回答你的问题。所谓纯阳者，即非纯阳，是名纯阳。纯阳是《乾》体的特性，是它的一个方面，它还有另一个方面，就是阳体内含的非阳性。从数的角度看，"初、三、五"三个爻是奇数，奇

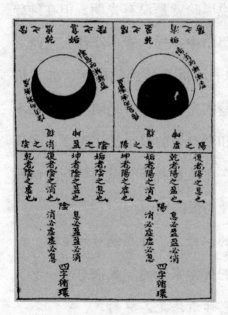

阳直图、阴直图，出自明·来知德《易经来注解图》

属阳，"二、四、上"三个爻是偶数，偶属阴。《乾》体由六个阳爻组成，作为表象是清一色的阳，而这清一色的阳象内部，却这样地蕴涵着偶数的阴。这一点也不奇怪，其实由六个阳爻组成的《乾》卦的纯阳之体，全面看来，已是阴性而不是阳性。——因为由数理来论，六爻的"六"就是偶数，就是属阴的嘛！

芳子：先生的分析真好，可谓曲尽阴阳之妙，使人有恍然大悟之感。

笔者：既然这样，我给你一个作业：你试试，用这样观点、方法，对《乾》卦再作进一步的分析，好么？

芳子：好难的作业……，我试试看，错了请您即时纠正。您刚才说过，"—"是—，但它同时含有两端，"两"是阴。《乾》体六个阳爻都各有两端，加起来总共有十二个两端，十二这个数字仍是阴性。所以，从这个角度来论，《乾》卦的纯阳之体，也可以说是纯阴之体。是不是？先生。

笔者：分析得好，正是这样。《乾》卦可以说即是纯阳之体，也是纯阴之体，是纯阳与纯阴的统一。借用王夫之的话来说，这可以说是"纯有杂，而杂不失其

纯，""杂统于纯，而纯非专一也。"

芳子：进一步看，每个阳爻"—"，有两头有中间，两头是阴性，中间是阳性，是阳在阴中。但合而为"三"，三又成为阳性，这样，阴中之阳，复返而为阳。可是这一段阴阳之变到这时还没有完结，如果每个阳爻都是三，六个阳爻便成为"十八"。而"十八"这个数却是属阴的，于是，《乾》卦总体又是成阴性了。不过，这个十八来自三乘六，三是根本，所以《乾》卦的根本气性仍是阳性，如此阳阳阴阴，变化多端。真是妙不可言！

笔者：年轻人头脑灵敏，从这段分析来看，你的进步很快。你再想想，还有什么可以补充的没有？

芳子：一时间还想不清楚……

笔者：还有"位"的问题需要探讨。依照《易》例，就是周易的原则，一卦的初、三、五爻之位属于阳位，二、四、上之位属于阴位。王弼说初、上无位，可备一说，先不去管它。《乾》卦从爻象说都是阳性，而从位数来说，则是奇偶各半也就是说阴阳各半，仍然不算是纯阳。可是话又说回来了，周易的爻位有个相应与否的原则，初与四、二与五、三与上各爻间，如《既济》卦钽，初为阳，四为阴；二为阴，五为阳；三为阳，上为阴，这三对爻位完全构成相应关系。而《乾》卦六个爻位都是阳爻，所以不能构成相应关系，从这一点来看，《乾》卦的主体性质，还属于阳性。

从卦的情况，我们可以悟到宇宙间没有纯阴纯阳的存在。《乾》卦的情况大体这样。你是不是已经体会到其中的道理？

芳子：是的，听了先生的讲解，我已经在思想中抓住了其中的要领。

笔者：那么，你何妨发挥一番独立思考的工夫，用上述的观点方法，对《坤》卦试作一下分析。

芳子：好，我试试看，有不对的地方，请先生及时指点。

《乾》与《坤》是一物两体

《乾》《坤》二卦是分不开的伴侣。《乾》为天，属阳，《坤》为地，属阴。《乾》由六个阳爻组成，相反地，《坤》由六个阴爻组成。各自的基本性质表现在卦象上，是泾渭分明，毫不含混的。看了卦象就一目了然。

䷀——䷁前者是《乾》，后者是《坤》

从整体上看，《乾》只有阳爻，没有阴爻；《坤》只有阴爻，没有阳爻。《乾》的情况，先生已作了详尽的分析，不必重复。《坤》卦怎样呢？是不是纯阴呢？当然不是。我觉得明眼人一下子就可以看出，《坤》的阴是阴中含阳。是含阳之阴，不是什么纯粹的阴。请留心看，《坤》卦的卦象，不是由两个《乾》卦合起来组成的吗？《乾》是六个横杆，《坤》则是一对儿六个横杆，形象鲜明，不需要解释。这种形象，可否说成"一阴含双阳，双阳成一阴"？

笔者：怎么说合适，是个语言表达问题，反正实际情况就是那么回事儿。王夫之在《周易外传》的序卦部分里说过："有时阳成基以致阴，有时阴成基以致阳。"意思是，阴阳互为根基，借以成立。这两句话，对理解乾坤的阴阳相反相成的微妙关系，很起作用。你的观察相当深入，请继续说下去。

芳子：《坤》卦的数、位和阴阳的关系，也和《乾》卦类似。它也是初、三、五的奇数阳位和二、四、上的偶数阴位互相交义的混合体。和《乾》卦及其他卦一样，初、三、五为阳位，二、四、上为阴位，而《坤》卦的初、三、五位都为阴爻所占据，阴占阳位，是为不正。二、四、上位也为阴爻所占，阴占阴位，是为正。所以，从数和位的关系来看，《坤》卦也是阴阳之位所形成的正与不正的混合体。当然，《坤》卦的主体仍然是阴性的，阳性则是隐含的成分。说来说去，反正《坤》卦也和《乾》卦一样，都不是纯粹的阴性或阳性。如果这一点体现出宇宙的规律，那么，由此即可推论出世间万物中没有什么所谓纯粹的东西。

笔者：是的，你对《坤》卦的分析是正确的……。关于爻位正和不正的问题，还可作进一步的探讨。如果

要求爻位都正，《乾》卦就会成水火既济钽，而与之相反的《坤》卦就会变成火水未济䍿。《既济》卦的阴阳关系应该怎样认识呢？它的下体是火，上体是水，初、三、五为阳爻，阳爻占阳位，二、四、上为阴爻，阴爻占阴位。阴阳各得其所，互相对应，三阳三阴，平衡交流。阴阳纯正，各占一半，给人一种平衡纯正的感觉。所以周易用它来表示事物的完成。你对这一卦中阴阳的平衡性与纯正性，有什么想法？

芳子：哎呀，越来越难了，一时间也想不出什么名堂来。还是请先生多多指教吧。

笔者：初看起来，《既济》卦的阴阳关系，平衡纯正，似乎无可非议，但仔细研究一下，却又发现相反的成分。全卦的卦象是钽，初、二爻象㘝是少阴，三、四爻爻象㘝和五、上爻爻象㘝也是少阴，三个少阴重叠，阴多于阳，而三却是奇数，全卦阴阳并不平衡，三是阳性，也与少阴矛盾。这样看来，虽然《既济》卦在形式上是阴阳各半，不多不少，初爻（阳）与四爻（阴）、二爻（阴）与五爻（阳）、三爻（阳）与六爻（阴）都是阴阳相应，各占一半，整整齐齐。可是它的内部情况，却仍然是阴阳驳杂，欹轻欹重，既不纯正，也不平衡。正因为它不是绝对的纯正和平衡，而是含有内在的矛盾，所以《既济》卦在表示事物"完成"的同时，也就诞生出表示事物"开始"的《未济》卦——而《未济》卦则位皆不正，表现得极不平衡。

芳子：演《易》的人，真是个超凡出众的圣人！他能孕《未济》于《既济》之中，道破了宇宙的奥秘，确实了不起。

笔者：最后，我再就这个问题作一下补充。刚才我们分别就《乾》《坤》两卦的阴阳纯杂问题作了一些粗浅的探讨。下面我想把两卦合起来说说它们之间相反相成的关系，这样，会使我们对世上没有"纯粹"之物的原理，获得更深刻的体会。

你知道，孔子在他的读《易》心得《系辞》中曾经说过，"《乾》《坤》，其易之蕴邪？"他看到，《乾》《坤》两卦是易经六十四卦的父母，其他三十一对卦都是由《乾》《坤》两卦所生。所谓"周易首《乾》《坤》而非首《乾》也，"就是这个意思。前边说过，《乾》《坤》是互反互依互交互变、二而一、一而二的伴侣。它们这种分中有合、合中有分的关系，表现得最具体的是，《乾》自《坤》中来，《坤》自《乾》中来这样一种学说，叫作《复》《姤》小父母说。《乾》卦六爻，是《坤》卦六爻自下而上、一爻一爻地阴消阳长而转变来的。具体地说，《坤》卦初爻阴变阳，就成为《地雷复》卦䷗，表示阴体之下一阳独复。接着是二阳生成为《临》卦䷒，然后三阳生成为《泰》卦䷊，四阳生成为《大壮》卦䷡，五阳生成为《夬》卦䷪，最后六阳生变为《乾》卦。《乾》卦就是这样阴消阳长，从《坤》卦演变而来。但是物极必反，阳长到《乾》，已达峰颠，再往前去，就变为阳消阴长的卦象，阴从下复生，是为《姤》卦䷫，接着二阴生，成为《遁》卦䷠三阴生成为《否》卦䷋，四阴生，成为《观》卦䷓，五阴生成为《剥》卦䷖，一阳在上硕果仅存，再生出一阴，就又转变为《坤》卦。就这样，《乾》从《坤》来，《坤》从《乾》生，《乾》《坤》互依互交，互为消长，互相转变，表示事物内部对立面斗争统一的运动规律。这虽是源于宋代哲人邵雍的说法，但如若周易首卦《乾》《坤》的内部并不蕴藏着这样的道理，邵雍的

《复》《姤》小父母之说也无从建立。所以，这一学说也是源于周易的内涵，并不是从外面硬加上去的。

总而言之，《乾》与《坤》或阴与阳是一物而两体。用横渠先生的话来说，叫作"两不立则一不可见，一不可见，则两之用息。"孔子的《系辞》说得明白："一阴一阳之谓道。"道即宇宙的根本规律，是由阴阳两个对立面所构成。老子说："万物负阴而抱阳，冲气以为和"，他们说的都很对。所以南宋学者叶适所倡导的独阳无阴说（他说道是单纯的阳刚而无阴柔），是不合理的，脱离实际的。至于有的当代《易》著，竟而以"扶阳灭阴"之说来阐释周易的义理，那就更令人啼笑皆非了。学周易的人谁不知道，"独阳不生，孤阴不长"的道理呢！

芳子：先生的教诲，又具体又生动。我听了之后，顿开茅塞，获益非浅。说得夸张些，真可谓聆听一席话，胜读十年书。先生，您受累了！

笔者：你过奖了！周易是群经之首，是最难学通的一部经典。我刚才讲的，都是周易的有形的东西。至于周易内蕴的无形的东西，往往只可意会而难以言传。借

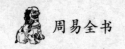

用伊川先生的话来说；只好说："……所谓《易》者，果何如哉？！"

你看，天已经晚了，新月已经在东方的晴空上升起，……

芳子：水面上金光潋滟……，东湖真是美极了……。

笔者：该是回去歇息的时侯了。我们的《易苑漫步》暂时告一段落，以后再继续谈，好吗？

芳子，十分感谢！您太辛苦了。再见！

笔者：再见！

转瞬之间，夏去秋来。金风瑟瑟，黄叶飘飘。谷物成熟，瓜果飘香。这是一年间，人与天地奋斗，取得收获的季节。这时候，在清爽的大气中悠然漫步，边思考边谈学问，最令人心旷神逸。早餐后，笔者和芳子，沿着武当山后山幽雅的小径，信步而行，继续漫话周易。

人谋、鬼谋，先人后鬼

芳子：孔子在《系辞》里谈到聪明睿智的圣人，依据天地的形态与规律，作《易》用《易》而成就伟大的功能时，曾经提出"人谋鬼谋，百姓与能"这样的命题。"人谋"的意思倒明白易懂，但"鬼谋"是什么意思，具体内容是怎样的，人们的见解却不完全一样。对"百姓与能"的解释，也是这样。您的看法是怎样的呢？

笔者：关于这个问题，我首先要告诉你的是，"鬼谋"这个字眼并不是孔子创造的。孔子出生以前，它早就出现了。记载上古时代政治言论的《尚书》洪范篇里就说过："汝则有大疑。谋及乃心，谋及卿士，谋及庶人，谋及卜筮。"前三句的人心、卿士和庶人，都属于人，侯王遇见重大事情，疑而不决的时候，在内心里策划，和近臣商讨，或征求普通百姓的意见，找出解决办法，这就叫作人谋，就是同人商量的意思。最后一句的"谋及卜筮"，则是：经过人谋之后，仍然疑而不决时，

便通过龟卜或占筮在人谋之外，寻求答案。也就是由专职的神巫之中的所谓太史、太卜之类，凭借灼龟甲、看裂纹，或摆蓍草、观卦象的方法，和茫茫宇宙间无声无形的玄妙而超人的，暗中掌握人类命运的神秘力量——鬼神相联系，咨询办事方策，这就叫鬼谋。换句话说，就是人力所不及时，向超人的鬼神讨主意。人谋的结构是"君——心、君——臣、君——民"，鬼谋的结构则是"巫——龟筮——鬼神。"

芳子：且慢，这里出了问题。"鬼谋"的意思是"谋之于鬼"吧？怎么又说向鬼神讨教呢？鬼神恐怕不是同一个东西吧！

笔者：问得好！当然，分开来说，鬼就是鬼，神就是神，不是一个概念。但在中国上古时代的语言表达方式中，往往把相近的两个概念，用一个来代替。比如妖和魔不尽相同，但有时为了行文的简洁或音韵的要求，只说一个也可以代替一双。为了表达的明确起见，有时就写成鬼（神）妖（魔），以免误解为苟简。这个问题，下面还要涉及，这里暂且放一下。

芳子：还有个疑问，请您顺便指教。既然中国古代人认为鬼神有主宰命运的超人力量，可以为人决疑，那么谋划大事的时候，干脆直截了当地问鬼神，岂不迅速又省事？何必先搞不一定可靠的三层结构的人谋干什么，岂不是多此一举？

笔者：历史事实表明，事情没有这么简单。人类对超现实的莫明其妙而又令人恐惧的神秘的宇宙力量"鬼神"，从完全迷信的心理逐渐发展到相对迷信的心态，这中间有个变的过程。鬼神的情形，也是这样。举例说，殷人信神（帝）信鬼，有事必谋于龟而后行动。但周革殷命之后，世道大变，神鬼观念也自然发生动摇。周人对天命的信念也逐渐发生变化，《诗经》中不少怨天尤人的诗篇，可以作证。鬼神迷信的动摇，也表现在大事的谋划方面。这里，我们不妨看看具体的史实。史实明确地告诉古人，龟卜也罢、筮占也罢、其它杂占也罢、谋之于鬼（神）的结果，都是或准或不准，鬼（神）的答案有时对，有时不对，只是大概如何。用今天的术语来说，鬼谋的效果，只是一种概率而已。举例来说，武王伐纣之前，曾由史官进行鬼谋，结果是"大凶"，并且临战又发生了暴风骤雨，与会的大臣与诸候，

都感到恐惧而认为是不详之兆，只有军师姜尚"不听邪"，瞿然而起，"推蓍蹈龟，而曰：枯骨死草，何知吉凶！"（《论衡·卜筮篇》）

他坚决打破迷信，进军伐讨，终于大获全胜。又如：《左传》记载，晋献公想娶姬姬为夫人，进行卜筮。龟卜说凶，筮占说吉，同是问鬼神而答语不同，令人无所适从。打开古史看看，这种"鬼谋"不可靠或答案相反的事例，比比皆是。在这种事实的碰撞下，人们当然就降低了对鬼谋的信从。铁的事实教育迷信鬼神的人们，人谋的功能大于鬼谋，使他们不得不把人谋放在第一位，先人而后"鬼"。

芳子：这么说，周易也是鬼谋的工具啦?!

笔者：所谓"辞、变、象、占"，周易的四大内容，占是其中之一，而周易全书就是以占筮的形式蕴涵其它三大内容的。单说它是鬼谋的工具，并不恰当。因为它的观卦占断，和龟卜以裂兆观吉凶的情形，大大不同。周易的占，是以辞、变、象为基础，为前提的占，而辞、变、象三大内容的综合，则是天人之道的结晶，也是圣人对宇宙人世法则认识的结晶，它可谓周易当中的

"人谋"部分，属于《系辞》所说的"知以藏往"。而"占"这个部分不过是《系辞》所说的以"藏往"为前提所作出的"神以知来"。从历史史实来说，作为决疑的鬼谋，周易也类似其他占卜，往往出现吉凶不定的两可占断。或者占而不验。——虽然，周易的占断，从它的出发点到功能，是只讲吉凶而不讲祸福的。

芳子：那么，"圣人成'能'。百姓与'能'"的"能"，具体是指什么说的呢？

笔者：这里所说的"能"，由两个方面构成。孔子说过：周易是："冒天下之道，如斯而已"。所谓道，就是天道、地道、人道。用今天的话来说，那便是指导人们思想行动的法则、知识、经验和教训，《系辞》所说的知以藏往的"知"，就是指这些说的。作周易的圣人把已有的"知"蕴于其中，这是"易能"的头一个方面，是基本方面，本质方面。其次周易以占筮的形式容纳这个"知"，并能应用占筮的方法，以"知"为基础，推断并预测正当事情的未来。这是"易能"的二个方面，是非本质的占测方面。《易》的这个"能"（功能）是圣人法天则地而创成的，这叫作"圣人成能"。

这个"能",不仅王公卿士可以利用,庶人也可以利用。王公卿士可以利用它解决修身、齐家、治国等的疑难问题,庶人的修身、齐家、行事,同样也可以用周易的"能"作指南。换句话说,从上到下,天下一切人都可以参与利用圣人所造成的这个周易的"能",这大约是"圣人成能"和"百姓与能"的本义。当然,这是说法之一,也有其他说法。例如《周易集解》引朱仰之的注解,认为《尚书》洪范篇所说的王公做大事之前,先要搞人谋,"谋及卿士,谋及庶人"。然后再"谋及卜筮",是为鬼谋。"百姓与能"的意思就属于"谋及庶人",把发挥周易的功能排除于普通百姓之外。这个说法,作为参考意见可以成立。可是我总觉得它和《系辞》"天地设位,圣人成能,人谋鬼谋,百姓与能"的原文扣的不紧。前后两个能字,有断线之虞。所以我不采取朱氏的说法。总而言之,周易的功能既包括人谋,也包括鬼谋,而以人谋为主。同时你要记住,周易的谋,无论人谋或鬼谋,都是为君子不为小人,为正事不为恶事。这是周易其书超过任何占书的优越的倾向性。这一点,在别的文章里我还要详细探讨,这里就不再细说了。

周易无鬼神

芳子：大家都知道，周易本经里没有一个神字，根本不触及鬼神问题。有三个鬼字，一个是《睽》卦上九爻辞："《睽》孤，见豕负，载鬼一车，先张之弧，后说（脱）之弧。匪寇，婚媾。"大意是说，上九以阳刚之体处于《睽》的极点，孤独之甚，对六三的阴体，妄生猜疑，彷佛六三是一头背负泥巴的脏猪，又象满车的恶鬼，形象丑陋。疑恨之余，先要张弓射之，后来感到不对，又放下弓箭，因为他发现六三不是仇寇，而是婚媾的对象。这里所说的鬼，是所谓疑心暗鬼，是妄想的影象，不是所谓鬼神的"鬼"。另外，《既济》卦九三爻辞有"高宗伐鬼方"的字样，那是地名，与鬼神的鬼不是一回事。所以，就本经来说，八八六十四卦没有一卦的主旨是讲鬼神的，或者是讲祭祀鬼神的。所以我认为周易实在是一部无鬼神而讲求鬼谋的奇书。这么说，行不行呢？

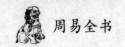

笔者：基本上可以这么说，古往今来的易学界，大都有这样的看法。当然，另一面，我们也不能用科学昌明的现代目光去衡量三千年前作成的周易。比如祭祀问题，古人自然是用来祭鬼祭神，求取护佑的。周易里就有七处关于祭祀的爻辞，但却完全是为了隐喻的借用，目的并不在于宣扬祭祀与鬼神。举例来说，《损》卦卦辞有"二簋可用享"的句子。二簋是祭品中最简约的祭礼。意思是说，简约的祭礼也无妨用来祭祀。这是借用二簋之礼作比喻，这里的祭礼只是比喻，说明办事的损过就中之道，如同祭祀一样，只要诚心诚意，即便最简约的祭品，也无妨碍。这是借用祭礼作资料，表露《损》卦的卦义，与祭祀鬼神本身没有直接的关系。

芳子：那么，《大有》卦上九爻辞"自天佑之，吉无不利"的"天"，就不是指鬼神说的啦！

笔者：是的。那个天是自然的天，不是天神的天。下面还要细讲，这里先不去说它。不过，这是就《易》学专著讲的。在《易》学专著之外，却不能这样讲。例如郭沫若的《中国古代社会研究》，就唱出反调，而且调门很高。他开口就说："易经是古代卜筮的底本"，把

206

周易看成"就跟我们现代的各种神祠佛寺的灵签一样。"这个说法，类似朱熹。朱熹的语言是："《易》只是卜筮的书，藏于太史太卜，以占吉凶。""往往如今之杯玟相似耳。"杯玟是一种竹木制成的占具，掷在地上，看它的正反来测定吉凶。郭氏的态度就比朱氏更坚决，更彻底。郭氏进一步以斩钉截铁的语气断定："易经全部是就是一部宗教上的书，它是以魔术为脊骨，而以迷信为其全部血肉的。"至于魔术何在？迷信何在？郭氏举出下列四个爻辞作为立论的根据，让我们一个一个地作一下分析。

"舍尔灵龟，观我朵颐，凶。"（《颐》初九）

"或益之十朋之龟，弗克违。"（《损》六五）

"自天佑之，吉无不利。"（《大有》上九）

"用享于帝。"（《益》六二）

仔细推敲，郭沫若所列举的这四条根据，没有一条能证明他上述断语的正确性，甚至与他的断语风马牛不相及，下面逐条加以说明。

第一条是《颐》卦初九爻辞，《颐》卦主旨是讲颐养之道。灵龟，朵颐都是比喻之象，意为初九阳刚的才

智，比得上灵龟的智慧，足以自养其正，不必求养于外。但它居于动体（震），贪饮躁动而求养于六四，四为阴体，阳本应养阴，今却反而求养于阴，是"迷欲而失己"（程颐《易传》），不走正道，所以凶。全文完全是用养生比喻养性，和天神迷信无关，更与宗教毫无瓜葛。

第二条是《损》卦六五爻辞。《损》卦与《益》卦为相反相成的统一体。《损》卦的主旨是损下益上，《益》卦的主旨则是损上而益下，恰好相反。损下益上，似乎在上者得益，实质上则受损，因为下是上的根，损根必危上。所以损下益上是在上者的损道。六五爻当然也是贯彻这一义旨。六五爻以中居尊位，与在下的九二爻阴阳相应，它的象义是，当政者如能虚中自损，顺应下面的贤者，必然获益。纵然"十朋之龟"（最贵的神龟）卜而决之，也不能违背损上益下而受益的道理，所以获得"元吉"（李道平《周易集解纂疏》引崔觐的话）。《损》《益》二卦蕴涵深刻的政治规律和辩证思维，既无骗人的魔术为脊骨，也无鬼神的迷信为血肉，当然更与宗教风马牛不相及。如若看见灵龟、十朋之类的比喻，便联想到宗教和鬼神，恐怕是未之深思的的率尔论断。相反地，"十朋之龟弗相违"（神龟之卜也不能违反规律）的爻辞不但没有宗教色彩，反而意味着义理胜过鬼神，例有反迷信的意味了。

　　第三条是《大有》卦上九爻辞。这卦的主旨是讲人于盛大富有的的成功之际，如何因应居处的原则。上九以阳刚之体居一卦顶端，是"大有之极"。物极必反，是引起警惕的爻象。但上九所处，是无位之地，清高在上，不与世争，又是"不居其有"的爻象。所以能顺宜大道（自然规律），持盈不溢，必将受到天佑（自然规律的帮助），故而吉无不利。这卦的象是火在于上，明照万物，呈现盛大富有的气象。"柔（六五）居中，五阳应之，居尊执柔，物之所归"（程颐《易传》），这是《大有》全卦的卦义。它的主旨全在于人事法则，不属于宗教、鬼神迷信的范畴。真正认清它的精神实质以后，只会增强人的理智，减少盲目性。另外，关于《大有》卦上九爻的爻辞"自天佑之，右无不利"的涵义，孔子早已在《系辞》中作了又明确又恰当的解释。他说："佑者助也，天这所助者，顺也，人之所助者，信也。履信思乎顺，又以尚贤也。是以自天佑之，吉无不利也。"这里所说的天，并不是什么天神、天帝，不是指超现实的具有人格的世界主宰，而是指大自然及其运行规律说的。这段话的大意是说，佑，是帮助的意思。天所助的，是顺而不逆的人。人所愿助的，是真诚信实的人，既能履行诚信，又能不忘记顺应天道，并且尊重贤德的人才，所以会得到天的帮助，吉祥而无不利。当然，这段话直接是阐明上九、六五以至九二等爻之间的关系，但它的义理也适用于普遍的人际关系。孔子对"自天佑之"的解释，是依据天人合一的原理。天人合一，天人一理，所以言天便是言人。什么人会得到天（客观规律）的帮助呢？只有顺而不逆的人，也就是顺应天道（自然法则）而不违反天理的人，才能如此。人道也是如此。人们愿意帮助的，是真诚信实，不欺不诈的人。这样人执政，又能尊重贤才，自然事业顺利，如同获得天助。换句话说，天助是顺应天道，丝毫也嗅不出鬼神的气味。而且，从根本上讲，"自天佑之，吉无不利"云云，是对《大有》卦主旨范畴内六爻之一的上九的地位以及与其他有关的爻之间关系的比喻性解释。如若离开全卦的情境与义理，单讲这句话，那就脱离了周易的实际，变成另外的问题了。另外，退一步讲，假定这个天佑，既使是上天保佑之意，以历史的眼光来看，也只是当时一般的社会意识，还谈不到什么宣扬鬼神。更何况，周易出现时的殷末周初，"天（神）的权威已经动摇，怨天尤人的思想已经流行起来。

第四条属于《益》卦六二爻辞。郭氏勾掉前三句，只留下末句，勾掉了"或益之十朋之龟，弗克违，永贞吉"，留下了"王用享于帝，吉，"使整个爻辞，意义残缺，从而断章截句，取其所需。可谓攻其一点，不及其余。以点代面，真伪难辨。

就序卦来看，《损》卦和《益》卦是一先一后的一对儿，《损》卦稻倒过来就是《益》卦矩，《损》卦的六五爻相当于《益》卦的六二爻。《损》《益》的不同之处是，《损》卦的受益者是在上位的六五爻，《益》卦的受益者是在下位的六二爻。六二爻中正柔顺，虚心自持，又得到处于尊位的九五阳爻相应，具有这么良好的体性和地位，自然会得到外界的帮助而获益。所以爻辞说："或益之"，是说有人来帮助它。又说"十朋之龟，弗克违。永贞吉。"就是说，这一点是毫无疑问的，即使用最珍贵的灵龟进行占卜，结果也不能违反。但六二爻究竟是阴柔的体性，虽然具有那样的有利之处，也必须永久保持贞固的恒心而不动摇，才会获得吉祥。爻辞最后一句"王用享于帝吉"，并非单是君王祭祀天帝而吉祥的意思，它是说，君主如用六二爻这样的人臣来主持祭祀天地的典礼，必获得吉祥。这是隐喻性、象征性、借譬性的语言，并不是直接的陈述。总之，《益》卦的主旨与《损》卦正相反。《损》卦认为，损下益上、削弱根基是损道，所以卦名叫《损》。《益》卦则认为获益之道是损上益下，本固而邦宁。所以把损上益下的卦象叫作《益》卦。早期儒家的德政、仁政思想，与此卦的内涵具有一定的联系。这是《益》卦主旨的精义。至于"十朋之龟"和"用享于帝"云云，不过是为了强调获益之道所作的修辞比喻，都不是宣扬鬼神。六二爻辞虽有灵龟之辞，但不是讲龟卜如何灵验，反而是说灵龟占卜也不能违反有德者获益的法则。爻辞虽有"享于帝"的句子，但并不是讲祭祀如何灵验与受益，道理是清清楚楚的。倘若周易认为卜筮和祭神是受益之路，那么，《损》《益》二卦的卦象和卦爻辞必须从根本上完全改动。那样一来，就不是周易了。

芳子：这样看来，郭氏从周易中摘取下来的四项爻辞，都是表达某种人间道理的资料，都是人道的附属品，不是宣扬鬼神和迷信的文辞。郭氏说周易是上古卜筮的底本，这个我说不清楚。但他说周易就和今天庙里的神签一样，我可觉得不对头。

笔者：周易是不是上古时代的占筮书呢？这一点，比较麻烦。三言两语也说不清楚。将来我还要详细论述，这里暂时不多说。为了方便，我想无妨先借用一下四库全书总目提要的话，它说："圣人觉世牖民，大抵因事以寓教。《诗》寓于风谣，《礼》寓于节文，《尚书》《春秋》寓于史，而《易》则寓于卜筮。故《易》之为书，推天道以明人事者也。"据四库全书主编看来，周易是推求天道（宇宙的法则），借以开明人事（人间的法则）的一部书，这是它的内涵，它把这个内涵寄托在占筮的面貌中。全面实际地探究起来，四库全书的观点大体上正确的，可以说是权威性的评语。照此看来，一部以讲求天人之道为主要内容的卜筮形式的书，怎么

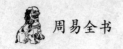

能够和今天庙里肤浅的神签相提并论呢？不要说今天的签语之类，就连周易之前风行千余年，曾经极有权威的殷商卜辞的单纯而肤浅的辞语，也根本够不上与周易相提并论。那些只供卜问吉凶祸福的龟兆及其测语，早已进入考古的博物馆，断了人间烟火。但被郭氏说成只是卜筮底本和类似迷信的神签的周易，三千年来直到今天，却仍在学术的殿堂中和人们的生活中生生不已。龟卜神签之类只讲吉凶祸福，并不讲义理，周易却饱涵义理，依义理推吉凶。龟卜神签的预测，不问好人坏人好事坏事，周易的占筮却不为小人谋而为君子谋，为好事谋，不为坏事谋，等等，等等，差别极大。总而言之，周易较之神签及其他杂占，不但是深浅不同、层次不同，而且性质根本不同。周易不是仅仅占问祸福的小术末技，而是一部六经中最难懂的哲理书。自古以来早有定论，不必罗嗦。

芳子：既然这样，可不可以简而言之，说周易是一部讲大道理的卦书，其他神签杂占之类只是占卜吉凶的卦书呢？

笔者：大体上也可以这么说。其实，这个意思古人早已说过。宋代的数理派易学家邵雍就有这个看法。他说过，占卜若不讲义理，就流入微末的小技。这个话，可能是他的经验谈。汉代京房的《易》学就是这样，玩弄象数，造出八宫卦说，专推体咎祸福。流传下来，发展为后代的《火球林》（文王课），沦为街头巷尾占问命运的肤浅占术。这一点，凡是学过真正的周易，再会摆弄占卜的人，恐怕都会有切身的同感。

芳子：可是我总觉得，卜筮本身就是相信鬼神的预告，祭祀也是相信鬼神的赐予，二者都是相信鬼神的存在，这不是迷信是什么呢？周易虽然是以大道理为主要内容，占筮是它的次要内容和表现形式，但它究竟是卜筮之类，并且其中也有关于祭祀的资料，似乎总不能说和迷信毫无瓜葛吧？先生，依您说呢？

周易不迷信鬼神

笔者：好，这个问题提得相当尖锐！但讲起来十分繁杂。长话短说——在三千年前的上古时代，科学还处于幼儿阶段，人类对左右命运的大自然的威力，既恐惧又不理解，便以超现实的幻想虚构出鬼神观念，这是早期社会意识发展的必然的合理状态。你仔细想想，不要说上古，就是科学昌明的今天又怎么样？面对茫茫的未知世界，人类中相当大的部分仍然感到头昏眼花，莫名其妙。相信鬼神、半信半疑或存而不论的人，比比皆是。以彻底无神论唯物论的标尺来衡量上古时代的社会意识，那是违反历史的，好象用今天的汽车来衡量古代的马车似的。说严重些，这类似自欺欺人的行为。周易中有几处引用祭祀的资料，拿当时的社会意识来看，是习以为常的合理现象。我们从来没有听任何人说过，《尚书》《诗经》《礼记》《春秋》等经书，因为含有许多祭祀鬼神、赞颂天神的内容，因而属于迷信书籍。何况，前面讲过，祭祀的资料，并不关系到周易的主题。所以郭氏举出祭祀的爻辞，据以证明周易是迷信的书，在逻辑上是犯了"推不出"的错误。说个笑话，这好象——

芳子：瞎子摸象？

笔者：大概是属于见树木不见森林吧！至于说周易是卜筮书，难与迷信脱离干系一点，前面已经作了解释，但还不够，这里只好再深入说一说。第一：卜筮的目的也不全在于向鬼神问休咎。《礼记·少仪问》说："卜筮者先王所以教人去利怀仁义也。"周易就是这样一种卜筮的书。朱熹有句话说得很对，他在《易象说》里讲，"直据辞中之象，以求象中之意，使足以为训戒而决吉凶。"《礼记》说"教人去利怀仁义"，朱熹说"以训戒决吉凶"。孔子则说得更深刻，在《系辞》中他断言："夫《易》，开物成务，冒天下之道，如斯而已者也。"张载的结论更清楚，他认为周易是人生的"法律之书"，也就是立身行事的准则，如此等等。从古到今，没有哪一个易学家说周易是迷信鬼神的卜筮书。其次，也是最根本最重要的，是周易的本质。《庄子》的名言是，"《易》以道阴阳。"就是说，周易的本质是讲阴阳变化之道的一部书，司马迁在《史记·太史公自序》里又补充说："《易》以道化"，他认为周易的主旨是讲阴阳变化。这两句话道破了周易的根本性质：它是十足的哲理书，不是讲迷信鬼神的占卜书。

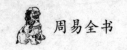

周易焉能成为宗教

芳子：既是讲义理讲变化的卦书，不是宣扬迷信鬼神的书，那么，怎么能说它"全部就是一部宗教上的书"呢？郭沫若的话，真令人费解！

笔者：是这样。我反复思索，始终不明白他为什么离开周易全经的卦象、辞、乃至卦序，离开它的整体机制与主要内容，离开它的基本思想与主导功能，一口咬定它全部是宗教上的书呢？这么大的学者竟而作出了这么大的武断，实在令人莫名其妙。

要弄清周易是否宗教上的书，需要先了解宗教的界说。什么是宗教？宗教是一种社会意识，它起源于原始社会的末期。因为原始人对大自然的威力恐惧和无知，便通过幻想虚构出超自然的具有人格的神灵。遇到困难，便使用祈祷、祭献、巫术等活动向神灵求助，从而成了一种宗教。先是自然宗教，有图腾崇拜、灵魂崇拜、万物有灵的崇拜，然后发展成为多神教，最终产生了一神教。自古以来，中国的许多民族创造了各种各样的神灵和形形色色的宗教。传统文化中最大的宗教是道教、佛教，前者是土生土长的，后者是印度传来的。但在周易兴起的殷周之际，这两大宗教还没有出现。从传说的伏羲画卦，经《易》象形成的初期，直到文王重卦和缀以文辞，在周易创成的时代，中国大地上只有自然宗教一类的东西，还没有产生汉代以后那样形态完备的真正的宗教。但它的本体已经具有宗教必备的四大要素：信仰、教义、仪式和组织。殷周时，人们在神灵理论的支配下信仰天帝鬼神，崇拜祖先、灵魂，并在一定的群体组织中进行祈祷、祭祀和巫术活动，求助于神灵。这便属于宗教活动的早期状态。卜筮活动是巫术的一种，是求问于神灵的所谓鬼谋。但是，单就卜筮来说，却不能把它看成宗教活动，正如单做祈祷或祭祀也不等于宗教活动一样。

周易是一部哲理书，有占筮的形式和功能，但就其机制和内涵来说，它是不是在宣扬神灵的信仰，为某种宗教提供教义的理论呢？如果说它"全部是宗教上的书"，那么它所崇拜的是什么神灵呢？图腾崇拜？不是，没有那个内容。是祖先崇拜、灵魂崇拜还是物灵崇拜？

也不是，它的基本思想不是这些东西。那么，它的主要内容的本质是什么呢？前面说过，今后难免反复地说，它是讲阴阳变化的哲理书，是"大皆论修身之道"（顾炎武《日知录》）的伦理书，在这个前提下，才可以说它是卜筮书，是以人谋为基础的卜筮书。如果说它表示信仰和崇拜，那就不是信仰和崇拜天神，而是信仰并崇拜以阴阳变化为基础而运行的天道、地道和人道，也就是宇宙和人世的运动法则。孔子讲得最好，他认为天地是周易的蓝本，周易是效天地而作成的。《乾》（天）《坤》（地）是周易的底蕴、门户，《乾》（阳）《坤》（阴）交变，产生六十四卦，从而表现出天地万物运动的种种情态。从一定意义上讲，周易始于《乾》《坤》，中经《坎》《离》《咸》《恒》终于《既济》《未济》，是这样一个包络天地、水火、男女、人事各种世界关系的巨大网络，也无妨说，它就是世界的简要缩影。

另外，我们还可以深入一步，从思维的角度作一下观察。台湾有的学者说，上古时代欧亚两洲出现了两部思维科学的巨著。一部是古希腊人亚里士多德创造的形式逻辑，另一部则是中国古圣创造的辩证思维逻辑（周易），双花争妍，成为人类思维结晶的巨大成就。说得很对。当然周易的辩证逻辑具有人类思维发展的早期性和素朴性，尤其在表达上具有很严重的模糊性和含蓄性，但它的体系的完整性，象数的灵活性、文辞的形象性，以及义理的渊奥性，却独放异彩。有些地方，我认为甚至超过了现代的所谓辩证逻辑。举个简单的例子，我认为周易的阴阳互根互变的运行规律，以图象（数）显示就比现代逻辑用矛盾统一律的语言来描述，要更深刻、更形象、更亲切。周易的阴阳学说，一直广泛应用于天文、地理、气象、医药、政治、兵法等等领域，运用起来，既方便又合适。历史实践证明，周易在逻辑学中确实有独具一格的优越性。这些道理，一时间也说不完全，以后咱们慢慢再谈。总之，仅从思维的逻辑成就来看。周易也可以说是一部理性的杰作。

综合前面所说的情况看，周易这本经书无论从体系上内涵上性质上乃至逻辑思维上，都看不到信仰、教义、教仪乃至教律之类宗教所必备的东西，也看不到图腾崇拜、祖先崇拜、物灵崇拜或灵魂崇拜、神灵崇拜乃至多神教、一神教的影子。换句话说，虽然周易也讲占筮，但如果从总体上认真探究，就不会从中引导出任何关于宗教的结论。硬说它"完全是一部宗教上的书"，实可谓不知何所据而云然。和郭氏的观点相反，我则认为周易不但不是一部宗教上的书，而是一部对宗教起反作用的书。凡是宗教，不管哪一种，它的核心都是主张天神创造世界，或主宰世界，都崇拜超自然的具有人格的鬼神。可是周易却与此相反，虽然它的内涵"包装"在占筮的外形之中，但它的机体结构和精神实质是在表明，创造和支配世界的是大自然的天与地、天的阳气和地的阴气交融互变，就产生了以天（乾）地（坤）为首的水（坎）火（离）雷（震）风（巽）山（艮）泽（兑）等八种代表性物质，成为构成周易机体的素材，就是所谓八卦。八种物质的交融互变，就演变成世界万有，包括男女、夫妇、父子、君臣、尊卑等家庭、政治、伦理结构。表现在周易的图象上，就是六十四卦。这是孔子对周易性质的认识，记载在《序卦》之中。这个认识是符合周易的基本内容和精神实质的。周易的这种思想是说，大自然创造万物，创造人，使人得以创造家庭、政权乃至伦理关系。这种自然造人、人造社会的哲理思想，同天神创造世界、主宰万物的宗教思想，不是恰恰相反么?! 虽然从历史演变来看，周易的素材也遭到后代道教及某些杂教的改造和利用，但周易的本体，客观上却含有和宗教唱反调的性质。所以，它的思想受到不讲怪力乱神的孔子的尊崇和吸收，乃至被尊为儒家的六经之首，高踞于封建社会国家哲学的崇高地位，是有其合理的内因的。顺便推衍一下：有的学者（大概是范文渊）说，中国之所以没有象印度、欧美那样，成为几乎家家信教的宗教国家，原因之一是，在传统文化和民间思想中，儒家入世的伦理思想占有支配地位，对神道的宗教思想的传播，起到了一定的免疫作用。这种说法有一定的道理。周易是儒家思想的基石，它的非宗教性，二千年来沉入传统文化的积淀之中，也许不知不觉地对宗教的天神信仰起到些免疫作用吧！不过，这是指本来的周易说的。至于汉代的象数派易学，舍弃周易的义理内容，专搞它的形式方面、卜筮方面，如京氏易，大讲占候，妄言灾异，近于神怪的谶纬之术，那是乖离了周易的本来面目，步入邪路。那不是我们这里所讲的原来的周易，而是周易的遗传的变种，就

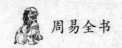
性质来说，根本不是一回事。

周易不是魔术和木乃伊

芳子：听您的讲述，我不知不觉地想起一件事。神话学告诉我们，远古时代几乎东西方都崇拜太阳神，崇拜太阳神是原始的自然宗教的重要内容。我们日本人崇拜的天照大神，就是太阳神。据说伏羲就是大曦，黄帝就是光帝。还有炎帝、太昊等等，都是太阳神的名称。可是，周易中的《离》卦虽然象征太阳的光明，《火天大有》卦表示明日高悬于天上之类；但所取的象仅仅是自然的太阳，或人间的火（《离》），丝毫也没有神灵的意味。从这一点上也可清楚地看到，周易不但不是宗教的经书，而且连远古时代普遍存在的太阳神崇拜这种自然宗教的遗迹也不存在。这是我听您讲话时产生的一点感想，您看是不是也有些道理？

笔者：是的，很有道理。这虽是个孤独的例证，却是很有力量。更重要的是，它告诉我们，探讨文化思想问题，不应就事论事，必须拓宽视野的跨度，从历史传统上广泛联系有关现象，才能避免以点代面，才能对问题的实质作出正确的论断。可惜，郭先生对周易性质的论述，未能达到这样的高度和深度。他对周易的评论，似乎带有政治大批判的气息。说什么周易"以魔术为脊骨，以迷信为全部血肉"，等等。所谓魔术为脊骨，当然是指《易》象的结构，指阴阳八卦及其衍生的六十四卦体系及其千变万化的形态。这些《易》象的结构及其交迭变化，在易学界，无论是义理派还是象数派，都认为里面蕴涵着阴阳之道的学问，从未听谁说过这是迷信的魔术。更进一步，郭氏的大批判，甚至把至今仍然生机勃勃的周易说成里面"全是泰古时代的木乃伊的尸骸"，这不禁使人回想起文革时期的"魔术"和"迷信"。

芳子：郭先生的大批判很彻底，您的反批判也很彻底。真是真理愈辩愈明，令人获益匪浅啊！

笔者：这是过奖了。其实，有些问题似乎还没有说清楚，还要重复补充一点。那就是，如果由于周易是占筮书，而占筮总是诉之于鬼神的，因此就把周易贬斥为迷信的魔术，这也是一种未经深入探究和思考的粗浅之

见。这里有两点需要说明。

第一点：我们知道，占卜原来属于一种巫术，它和宗教一样，是人类早期文化发展的必然产物。那时生活的压力迫使先民不得不在物质力量解决不了的问题上发挥精神力量，向昏茫而可怕的神秘世界去探求答案。这一类精神力量的冲击，叩响着文明社会的大门。这样，作为原始社会巫术一部分的占卜，作为文化发展不可或缺的现象，在上古时代是有它的历史意义的。固然，从今天的科学观点来看，它属于迷信活动，但原始人都是迷信的，迷信是所有原始人的社会意识，不能因为否定迷信而否定原始人的社会意识。何况在巫术中，占卜术虽是鬼谋而生命力却极顽强，它的概率的机遇性，使人们难以彻底摆脱，时至今日还没有完全退出历史舞台。作为一种文化现象，在上古的历史上不应轻易地加以抹杀。

第二点：前面反复说过，周易和卜辞及其他杂占性质根本不同。它不是单讲鬼谋，而是人谋的内涵、鬼谋的形式。用辩证法的观点来分析，那就是：阳为人谋，阴为鬼谋。在阴阳两个时立面的统一体内，阳为主要方面，内涵方面；阴为次要方面，形式方面。而事物的性质是由对立面主导方面决定的。所以说，周易的占筮，是依于人而不是迷于鬼。

前面罗罗唆唆讲了一大堆，归结起来，无非是说，周易不是单讲鬼谋的占卜术，不是崇拜神灵的宗教书，不是迷信，也不是魔法，更不是木乃伊的尸骸。……

芳子：是一部占筮面貌的哲理书。

笔者：结论就是这样。

芳子：关于周易的人谋、鬼谋及其性质问题，经先生讲解，我已经完全明白了。不过，周易和鬼神的关系，似乎还有进一步深入探究的必要。周易原文中没有神字，没有讲神的卦。但周易号称"《易》历三古，人更三圣"。上古伏羲画卦，中古文王演卦缀辞，近古孔子解说（十翼）。在孔子解释周易的《系辞》《象传》《文言》当中，鬼神的字样却出现了五次。神字出现的更多了，据统计共出现了二十二次，其中单独出现有十六次之多。可见，鬼神这两个概念，和周易的内涵似乎有相当密切的关系。——尽管周易本身不是讲鬼魂神灵的宗教书！

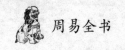

什么是鬼神

笔者：这是个相当麻烦的问题。要想解决这个问题，必须弄清以下三点：

（一）鬼字神字的意义是什么；

（二）孔子对鬼神的观点和态度是怎样的；

（三）孔子解《易》，在什么意义上使用鬼神二字。

什么叫鬼，古人的解释很明白。《说文》说："人所归为鬼。从人象鬼头，阴气贼害。"什么叫归？《尔雅·释训》郭瑾注引《尸子》："古者谓死人为归人"。《礼记·祭法》说得更干脆："人死曰鬼"。古人把人从世间归去，即死去，说成是"鬼"。所以殷代甲骨文鬼字的象形，是脸上盖着个东西的尸

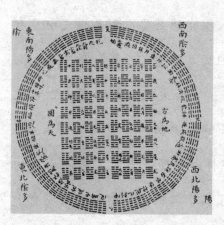

先天图，出自宋·王湜《易学》。此为伏羲易图，本无文字语言，卦名也是后人所添

体。如若除去灵魂离体的观念，鬼字可谓表现出上古人对死亡的质朴的思想。这大约是鬼字的原始意义。

什么是神？古人的说法就离开了人。依据《尚书》《国语》等的记载，在上古以火纪时的年代，人们认为天上的主宰者是神，《说文》说神是天神，是"引出万物者也"。注释说："天地生万物，物有主之者曰神。《说文》这种解释，恐怕是依据上古传流下来的观念。但这种观念还不是最早的，最早的是万物有灵的观念。《礼记·祭法》所说的"山林川谷丘陵，能出云，为风雨，见怪物，皆曰神"。这是一种泛神论的观点。最有趣的是，天间的神和地下的鬼不知什么时候开始，竟而统一到人的身上。古人有个说法，认为人的精气分为两部分。《大戴礼》中说："阳之精气曰神，阴之精气曰灵。注释说：人死之后，"魂气上升于天为神，体魄下降于地为鬼。"这种观点可能是在人为万物之灵的灵魂不死的思想基础上产生出来的。所以，"鬼神其盛乎""鬼神之所赏""鬼神之所罚"云云，比比皆是。有时说鬼，也包括神在内，如墨子的《明鬼》篇讲鬼也讲神。这也许和人死后灵魂一分为二——阴鬼阳神的观点

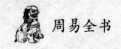

有一定联系。

上面所说的鬼神，就是俗间常说的鬼神，指那"视之而弗见，听之而不闻"，具有人格意识和超人威力的存在。

芳子：话说到这时，我倒想进一步提一个题外的疑问。先生，鬼神这个东西倒底有还是没有？我想趁这个难得的晤谈机会，请教一下，您对这个问题怎么看？

笔者：我的回答是三个字："不知道"。说有鬼有神，找不出确实的凭证，硬要说有，是非理性的迷信。但另一方面，干脆说它没有，这似乎也找不出确实的凭证，不能认为"视之弗见，听之弗闻"，感觉不到的东西就不存在。比如病毒细菌的世界，就在人类现有的感官能力之外。费尔巴哈在《宗教的本质》里说，不存在超出人类现有感官的感觉能力。这是一种就事论事的大胆的断言，颇有强未知为已知的意味。对此还有一种看法，比如日本学者池田大作在他和英国历史学家威尔斯的对谈录中，在讨论到"未知世界"的问题时，曾说过：也许人类的先天感官，能力有限，"在一封闭的圈子中，究其所以，禁区不可能越过。"就是说，不能越过六合之外，了解宇宙的一切。这是一种类似二元论的保守观点。但我个人的想法却是，如同飞碟和外星人那样，留下不少迹象，但倒底是不是真实的存在，现状下还无法断定，只好说它在有无之间，有待进一步开发智力，探索其究竟。类似的想法，其实古已有之。庄子说："六合之外，圣人存而不论"。对虚无飘渺的世外大宇，究竟是什么样子，有什么没有什么，庄子不加肯定，也不加否定，而是"挂起来"，暂时不去谈它。在这一点上孔子为首的儒家学派的观点，在传统思想中具有代表性。《论语》记载，门人季路问如何对待鬼神，孔子给他个偷换概念说："未能事人焉能事鬼？"他平时不语怪、力、乱、神，对鬼神之事避而不谈，门人樊迟问何谓"知"（智），孔子答说："务民之义，敬鬼神而远之，可谓知矣。"意思是，致力于民事，该做什么就做什么，对不可知的鬼神，应该抱着敬而远之的态度，不为它所迷惑，这就是"智"（《论语》朱熹注）。他对鬼神的存在似乎抱着两可的态度。这种观点，并不是出自孔子本身的发明。孔子是依据殷周政治、文化大变革的情况，把殷人的重巫文化和周人的现世文化作了比

较，然后总结出来的。据《礼记·表记篇》记载，孔子这样说过：

"殷人尊神，率民以事神，先鬼而后礼……。周人尊礼尚施，事鬼敬神而远之。……"

一方面敬之，一方面远之。

芳子：这岂不是自相矛盾么？

笔者：孔子所以持这种含糊的态度，大概有三个原故。一个是认识论上的原因，就是说，依据历史与现实的情况，鬼神是否存在，难以确定。孔子不是彻底的唯物论者，有这徘徊的"二元"态度，也难怪。另一个原因是政教原因，就是依据周礼的思想，搞神道设教。《礼记·表记篇》又记载孔子的话："斋戒以事鬼神，……恐民之不敬也。"还有周易《观》卦象辞"圣人以神道设教"等等，都是借鬼神的俗念实行偏理教化的思想，并不是认定天上有主宰的神灵。另一个原因，更重要的恐怕是在于"殷鉴匪远"，在于殷人重神亡国的教训上。大概这三点就是孔子敬鬼神而远之的原因所在。

孔子有个名句："祭如在，祭神如神在。""如神在"是说，神不一定有，但既然祭神，就应该恭恭敬敬，好象有神的样子。后代的儒家学者多半继承了这种思想。《四书集注》引程子所说："人多信鬼神，惑也。而不信者，又不能敬，能敬能远，可谓知矣。"不信是否定，能敬是肯定，即否定其有，又肯定其有，实质上也是一种"存而不论"的两可态度。不但古人，就是今人，我看多数人内心里也不愿下断然的结论。在科学昌明，人类步入太空时代，宗教之所以仍然存在、发展，并在某些国家和地区还很有势力，这种心理上的"两可"，也许是个重要的原故吧。

芳子：听到这里，又出现一个疑问。程颐说信神是迷惑，还有人说宗教是迷惑人的鸦片。那么，为什么当今世界上所有发达国家，多数人都信教信神。而某些不发达国家信教信神的人则比较少呢？这里，宗教与鬼神对人的智力开发，对社会发展究竟有多大的阻碍作用呢？越想越不明白，望先生指教。

笔者：你很会动脑筋，这确是个值得深思的问题。如果类比有助于考虑问题，我倒想起一件具体类似的事情。处于发号施令地位的人，特别需要警惕的是，算术式的线性思维，对复杂的社会事物，动辄以简单的推算

233

予以处理，是不明智的。例如汉字的简化问题，显然源于美好的理想，以为简便易学，省时省劲，可以把节余的精力用于各项事业，以加速国家社会的发展。但理想毕竟是理想，有的理想是科学的合乎规律的，只要努力，可以实现。有的却不一定，只是一种一相情愿的希望或梦想，到头来往往落空，甚至事与愿违。在汉字文化圈里，简字与繁字并存，对社会发展的影响怎样呢？简字区不但没有跑到"头马"，反而拉在后边。繁字区却一马当先，跑到前边去了。亚洲四小龙和大陆对比，不是很明显的令人困惑么?！宗教在全球的情况，也与此多少有些类似。在发达国家里，宗教这种鸦片，把多数人统统迷住，崇拜上帝的观念已深入人心和家庭。按教条的说法，消极忍让的度世思想，理应形成主导的社会意识。然而实际如何呢？恰恰相反，欧美日本这些发达国家，其主导的社会意识却是奋斗、竞争、冒险、开拓、进取的精神。何以如此？原因复杂，一时也说不清。但这件事却启示我们：整个人类社会是个包括许多子系统的巨系统。各系统之间的关联、对立、交义、转变等无数的关系及其运动，繁杂万分，以线性的计算方法或形式逻辑的推论是不可能正确地估计出发展前景的。简而言之，鬼神观念与宗教活动，似乎既不是社会发展（包括科学发展）的反对物，也不是它的推动力。至少在现代社会是这样。比如，不少世界著名的自然科学家，同时也是虔诚的宗教徒。典型的例子是古典物理学家牛顿。他一生钻研物理，最后解释不了运动的始因，只好把上帝请出来，让上帝用"最初的一击"，造成事物运动的开始。其他如现代最伟大的物理学家相对论的创始人爱因斯坦，也是信仰上帝的基督徒。这种例子，比比皆是。由此可见，观察复杂的现象，绝不可简单从事。

题外的话，扯的太远了，就此打住。咱们书归正传吧。

易传中的鬼神

前面所说孔子对鬼神敬而远之，是指超自然的鬼神，一般人信仰的鬼神。而在他学习钻研周易之后，论述心得的时侯，却在十翼中先后说出了 22 个神字。仅

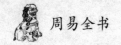

在阐释《乾》卦的《文言》中就出现了五次。另外，还在《系辞》中讲了一个鬼字，这和孔子平时讲说的基调似乎大大不同。这是什么原故呢？应该说，孔子在论述周易精义时所用的神字（包括鬼字），和上述俗间所谓神灵的神，意思根本不同。

在孔子解释周易的《文言》、《象传》和《系辞》中，鬼神连用的字样总共出现五次。

一、二两次是《文言》对"大人"的诠释：

"夫大人者，与天地合其德，与日月合其明，与四时合其序，与鬼神合其吉凶。先天而天弗违，后天而奉天时。天且弗违，而况于人乎？况于鬼神乎？"

译成白话，大意是：九五爻辞中所说的大人，他的德行与天地相合，他的圣明与日月相合，他施政的井然有序与四季相合，他的福善祸淫，犹如鬼神的奥妙莫测。他施政先于天，天不违背；后于天，也能顺应天的运动规律。天尚且不与他违反，何况人呢！何况鬼神呢！"

这段话的内涵是什么，其中鬼神指什么说的，这个问题，伊川先生是这样解释的，他说：

"大人与天地日月四时鬼神合者，合乎道也。天地者道也，鬼神者造化之迹也。圣人先于天而天同之，后于天而能顺天者，合乎道而已。合乎道，则人与鬼神岂能违也?"（《易传》）

伊川先生是义理派易学集大成的学者。在他看来，孔子在这段话里所说的鬼神，是天地的运行规律在创造化育万物时所表现的一种功效，并不是宗教上的超自然的存在。他这个说法虽然受到朱熹的批评，说他的"鬼神者造化之迹"之说"固好，但浑沦在这里。"不如张载的"鬼神者二气之良能也"之说"分明，便见有个阴阳在。"阴阳二气"屈伸往来，""一伸去便生许多物事，一屈来更无一物，便是良能功用"，鬼神就是阴阳二气的良能功用（《近思录集注卷一》）。尽管这样，但伊川之说，却把超自然的神秘莫辨的鬼神，用"造化之迹"一个词语，拉回到自然功能的怀抱，成为质朴易解的概念。就这一点来说，它虽不及张载之说具体些，但不失为有力的创新，有一定的影响。明代学者来之德所说的"鬼神者造化之灵"、"鬼神不过天地之功用"，实质上就是继承伊川之说而用更清楚的语言加以表述

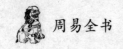

而已。

鬼神字样第三次出现，是在《谦》卦的象辞里。孔子以决断的语言赞述谦德，他说：

"鬼神害盈而福谦。"

这句象辞里的鬼神指何而言？功能如何？我们再看伊川先生的注释，他说：

"鬼神谓造化之迹。盈满者祸害之，谦损者福佑之。凡过而损，不足而益者，皆是也。"

如同前边说过的，他仍然重述鬼神是造化功能的观点。他解释说：这种功能的规律是对骄傲满盈者加以祸害，对谦虚损抑者加以福佑。《谦》卦象传的文意和伊川的讲解，粗看不过是上古以来传统思想当中"满招损，谦受益"观点在新的条件下展开复述而已，似乎没有新东西。但仔细捉摸一下，能把满招损谦受益的规律提高到天地造化功能的法则——"鬼使神差"的高度，作为周易的教诫而加以表述，就不同于一般，而是大有新意，大大增强了训诫的力量。《周易集解纂疏》引崔觐的解说，形象鲜明，含义深刻。他说："朱门之家，鬼阚其室，黍稷非馨，明德惟馨"。这番话可以用来对伊川的注语作补充说明。意思是，朱门大户财满气骄，会引起意外的祸害。祭神乞福时，祭品的馨香算不了什么，只有发扬自己的德行，才是最好的馨香。把两位学者的解释合起来看，就是表明，天地运行暗中的作用——鬼神的法则，是福谦祸盈。和前面的例子一样，都是以规律的客观作用来说明鬼神的含义，并没有宗教信仰上的鬼神的意味。伊川和崔觐对鬼神及其作用的解释，可以说，它的基本精神与孔传的思想是一致的。

周易中"鬼神"作为双音词出现，第四次是在《丰》卦的象辞里。原文是："日中则昃，月盈则食，天地盈虚，与时消息，而况于人乎？况于鬼神乎？"

大意是：太阳行到中天，必将西斜；月亮一旦圆满，必将亏蚀。天地这个大自然的满盈和亏缺，都是伴随情况的变化而下落与上浮。大自然是这样，何况人呢？何况鬼神呢？

关于这段象辞，我们仍然先看伊川先生是怎么讲的。他说：

"既言丰盛之至，复言其难常，以为诫也。日中盛极，则当是昃昳，月既盈满，则有亏缺。天地之盈虚，

尚与时消息，况人与鬼神乎？盈虚谓盛衰，消息谓进退。天地之运，亦随时进退也。鬼神谓造化之迹，于万物盛衰，可见其消息也。于丰盛之时而为此诫，欲其守中，不至过盛。处丰之道，岂易也哉！"（《易传》）

伊川这段话先讲盛衰交替、极而必反的自然规律，再讲造化之迹的鬼神也不例外，最终讲守中处丰的重要。在他思想里，鬼神是造化之迹的唯物观点，始终如一。

芳子：看了孔子《谦》卦和《丰》卦的象辞以及伊川的解说，作为一个日本人，我颇有感慨。回想起一个世纪以来，国运的盛衰交替，家庭以及个人命运的进退起伏，确实体现出"鬼神害盈而福谦"和"天地盈虚，与时消息"的不可抗拒的法则。

笔者：确实如此。三国演义开场所说的"天下大势，合久必分，分久必合"，就是基于周易物极必反的原理。

人在前，鬼神在后

芳子：经伊川这么一讲，鬼呀神呀，并没有什么神秘，也没有什么可怕。我觉得好象听了一堂东方古代唯物的鬼神观，很受启发。另外，我还有一个心得。孔子在上述《文言》和《丰》卦象传当中，在讲到人和鬼神的时侯，竟而把鬼神排在人的后面。这是不是有意为之，比如说暗示天地之间"人"为贵呢？

笔者：这个心得，足以称作发现。记得老子说过，"道大，天大，地大，王亦大，域中有四大，而王居其一焉。"（二十五章）"以道莅天下，其鬼不神。"（六十章）把人列为宇内四大之一，而把鬼神排除于四大之外，处在人的后面。当然老聃贵阴柔的道家思想，跟孔子重阳刚的儒家思想，体系的性质不同，但重视天地人而不以鬼神为尊一点，有类似之处。在万物有灵的原始时代，在后来的神话传说时代，继尧、舜、禹到夏商时代，大体上曾是鬼神主宰的世界，人几乎是鬼神的附庸。据孔子讲，大禹的政治作风是"菲饮食，而致孝乎

241

鬼神，……卑宫室，而尽力乎沟洫。"他自奉甚俭，而孝敬鬼神却很丰盛。先致孝于鬼神，而后致力于治水。人的位置排在鬼神的后面。至于商代，迷信鬼神和龟卜形成了浓重的宗教风气。生产、战争、施政都要听从上帝的命令，人几乎成了神的奴仆。经过武王革命，到了周朝，伴随世道变化，"天命靡常"，人谋胜于鬼谋，于是在人的思想中，鬼神的地位逐渐下降，人的地位相应上升。有个史例，非常突出。春秋时期的军事家孙武在《孙子兵法》的《用间篇》里谈到情报工作的重要性时曾经说："先知者不可取之于鬼神，……，必取之于人，知敌之情也。"他以坚决的口气断言，事先探知敌情，

《武王伐纣书》版画之武王伐纣图。商朝末年，商纣王失败，周王伐纣，来了商朝，建立了周朝

不可取之于鬼神，一定要取之于人，取之于了解敌情的人。依据自古以来的战争经验，孙武总结出这个的规律，排除借卜筮之类以求助于鬼神来预测敌情，而把取得确切敌情的任务委之于人。

芳子：孔子是务实的伦理主义者，对鬼神采取敬而远之的态度，是理所当然的。所以，虽然孔子讲周易的时候也谈到鬼神，但他的说法是"人谋鬼谋"，人在前，鬼在后，是不是也有个轻重缓急的区别？

笔者：当然！孔子这个说法是继承《尚书·洪范》的思想，先后次序是颠倒不得的，绝不能说成"鬼谋人谋"。来之德的解释很恰当、很具体。在《易经集注》里他说："凡人有事，人谋在先。及事之吉凶未决，方决于卜筮，所以说人谋鬼谋，百姓与能也。故书曰：谋及乃心，谋及卿士，谋及庶人，谋及卜筮。先心而后人，先人而后鬼，轻重可知矣。"从远古时代直到夏商的先鬼而后人，转变到周朝的先人而后鬼，是中国老祖宗精神领域中一大飞跃的转变。所谓神道设教，对鬼神的尊重与崇拜，实质上是当政者对鬼神的利用，是人摆弄神鬼，不是鬼神控制人。这个问题，下面还要涉及。

这里就此打住。

鬼神一词在孔传中第五次出现，是在《系辞》里。原文是："仰以观于天文，俯以察于地理，是故知幽明之故。原始反终，故知生死之说。精气为物，游魂为变，是故知鬼神之情状。"

这段话和前段话一样，不仅出现鬼神字样，而且谈到鬼神的情况。所谓"精气为物，游魂为变"，易学史上有好几种解释。下面把它们摆一摆，好对这一重要的问题有深入的了解。

鬼神源于生死

如果这段话从后往前来看，可以看出，鬼神问题来源于生死问题，生死问题则包括在幽明问题之内。由此可知，孔子的意思是，周易的作者从仰观俯察中明白了大自然之所以有明与暗，从考察事物的始终里懂得了生死的道理，又从"精气为物，游魂为变"的情况中了解到鬼神的情况。从这个论述的顺序中可以见到，孔子是依据天人合一的原理来观察事物的始终和人的生死，并由此而涉及所谓鬼神的情况。前边说过，在传统思想中有一种观点，认为鬼神是和人的生命变化紧密相联的。孔子是在这个传统的鬼神思想的基础上，解释《易》理而有所发挥。

对《系辞》这段话，主要有如下一些注解。

首先，是韩康伯提出的聚散说。他说："精气烟煴，聚极则散，游魂为变也。游魂言其游散也。……尽聚散之理，则能知变化之道，无幽而不通也。"（《系辞》注）

韩氏认为这段话提出了聚散之理：精气聚则生，为神；散则死，为鬼。但他没有具体说明什么是精气，同时以游散解释游魂，也不够具体。

《九家易集注》对精气聚散说得很明白，它说：

"阴阳交合，物之始也，阴阳分离，物之终也。合则生，离则死。"

显然这是把"精"解释为阴，把"气"解释为阳，也就是说，阴精阳气在人身相合，就是生，散就是死。

关于什么是魂魄，《周易集解纂疏》引《左传·昭公七年》说："人生始化为魄，既生魄，阳曰魂。"又引《说文》云："魂，阳物也。"就是说，魄是人的肉体，属阴，魂是人的精神，属阳。魂魄相合，成为活人，魂魄分离，变为死人。同书又引郑玄说："游魂谓之鬼，物终所归；精气谓之神，物生所信（伸）也。言木火之神，生物东南，金水之鬼，终物西北。二者之情，其与春夏生物、秋冬终物相似。"郑说很具体，把精气为物，游魂为变和鬼神情状的道理讲的很透彻。用今天的话来讲，就是：天地阴阳二气的运行，形成了光明与幽暗，二气聚合、伸长，就是生成，就是神；二气游散，归去，就是死亡。万物的春夏生长，就是大自然阴阳二气的聚合而伸张，就是所谓神，就是神的情状。万物的秋冬收敛，就是大自然的阴阳二气离散而归去，就是所谓鬼，就是鬼的情状。

对孔子《系辞》这段难解的话，陈梦雷总结前人的观点，作了浅显而较为全面的论述。他说：

"……以《易》之阴阳，知天文地理之有幽明，……阳极阴生则渐幽，阴极阳生则渐明，终古天地皆如此。知其所以然之理，所谓知幽明之故也。……天地之化，虽生生不穷，然有聚必有散，有生必有死。以

《易》中阴阳二气之聚，推其所以始，则可以知生之说；以阴阳二气之散，推其所以终，则可以知死之说。……人之生也，精与气合而有物，故为神，精灭则魄坠于地，气绝则魂游于天。人之死也，魂与魄离而为变，故为鬼。……离合聚散，屈伸往来于天地之间，谓之鬼神。然要不出于《易》之阴阳可知也。盖精也，魄也，皆阴之属也；气也，魂也，皆阳之属也。精气为物，阴阳二气聚而为神也。……游魂为变，阴阳二气散而为鬼。……鬼者归也，……神者伸也。……其聚散久近，则阴阳之变化而不可穷诘。而其自无之有，自有之无则无极。太极而生阴阳，阴阳仍归于无极，此鬼神之情状可以易知之者也。"（《周易浅述》）

芳子：先生，您讲的，我听得明白。可您引用的许多古文，我却不能完全听懂。

笔者：那不要紧，以后你有工夫还可以慢慢去读。当前，你只要抓住要点，知道孔传《系辞》里所说的鬼神之情状，不是巫婆所闹的鬼怪神灵，而是周易所讲的阴阳二气屈伸聚散，充塞乎天地之间，造成生生死死，忽有忽无，真真假假，变化莫测的情况而已。你懂了

吗"

芳子：若说其中的道理，我当然明白了。不过，原文和引文的具体意义，我还需要进一步细心钻研。

笔者：我也同样需要进一步钻研。为了真正弄清鬼神情状的含义，还是需要引述一下权威学者的意见，关于这个问题，《二程集》有两段记载，都是伊川先生讲的。

（一）"问：'《易》言鬼神情状，果有情状否'？曰：'有之'。又问：'既有情状，必有鬼神矣。'曰：'《易》说鬼神，便是造化也。

（二）"问：'世言鬼神之事，虽知其无，然不能无疑惧，何也？'曰：'只是自身疑耳！'曰：'如何晓悟其理？'曰：'理会得精气为物，游魂为变，与原始反终之说，便能知也。须是在原字上下功夫。'

伊川先生所说的"原"，就是"原始反终"的"原"。仔细思考原字的意义，可知那就是指他反复申说的"鬼神者造化之迹也"的造化，造化就是天地的功能。所以"在原字上下功夫"的意思，大约是说要在鬼神根源的天地功能上下功夫。这里最好引用虞翻的注释

（《周易集纂疏引》）来作解说。虞说："《乾》为神为天，故《乾》神似天；《坤》为鬼为地，故《坤》鬼似地。《乾》神《坤》鬼，即天地之用也。"伊川的话，好似虞翻之言的翻版。也许他原来就是采取了虞说来讲解《易》理的鬼神，也未可知。

《系辞》在谈到揲蓍求卦的筮法时，又提出了鬼神字样：

"天数五，地数五，五位相得而各有合。天数二十有五，地数三十，凡天地之数五十有五，此所以成变化而行鬼神也。"大意是说，天的数是一、三、五、七、九这五个奇数；地的数是二、四、六、八、十这五个偶数。五位奇数和偶数互相配合，其中天数相加为二十五，地数相加为三十。这样一来就形成了变化而展开了鬼神的机能。这里所说的鬼神是什么意思呢？我以为朱熹的解释最恰当，他说："鬼神，谓凡奇偶生成之屈伸往来者。"意思是，在揲蓍求卦的过程中。蓍草自身的奇（天数）偶（地数）自然搭配结合，忽奇忽偶，忽屈忽伸，一往一来，一来一往，变化莫测，而终于成卦，这种情况，谓之鬼神。这个意思，也无非是赞扬周

易的筮法运用奇偶的数字组合来求卦，体现出天地阴阳
二气创造化育万物的奇妙功能，和上述"天地造化之
迹"的意思，基本一致。《系辞》中鬼神二字联用，总
共就是这么六个地方。

神字的奥义

芳子：《系辞》和《说卦》当中单用神字的地方还
有不少。那些神字，都是什么意思？都是指什么说
的呢？

笔者：确实不少。查一下，总共十六处。

芳子：这么看来，《论语》说孔子不谈怪、力、
乱、神，也不见得。他讲周易的时侯，不是这么大谈其
鬼神么！？

笔者：那只是说孔子重视人道，对玄虚的神灵之类
不愿谈论罢了。至于周易，孔子主要是把它当作哲学伦
理学来看待的。他反复使用神字，大概是为了形容和颂
扬《易》理的玄妙吧！

孔子在《系辞》和《说卦》中使用的六个"神"

字，就主要的来看，它的意义和"鬼神"有些不同，但有内在的联系。鬼神所指是天地的功能，也就是阴阳二气的功能。神字所指则是这一功能的运行、显现、发挥、乃至效果。两者的根源都是天地所具有的阴阳二气，只是所表达的侧面不同而已。

在认识周易的本质上，孔子所提示的这个神字具有关键作用。不切实把握这个神字的奥义，就不能彻底领悟周易的内涵。我们知道，"《易》以道阴阳"，阴阳是《易》的核心，《易》是阴阳的体现。总体来说，《易》就是体现阴阳二气运行的规律、功效和情况的。分别来说，则形成三个侧面：

（一）一阴一阳之谓"道"；

（二）生生之谓"易"；

（三）阴阳不测之谓"神"。

这三个论断，都是孔子在《系辞》里讲的。第一条所说的道，就是规律，人必须循道而行，必须依规律行事，所以古人用道字表达规律。一阴一阳的相反相成和互相转化，是宇宙万物的根本规律，而周易正是讲这个根本规律的。所谓《易》者阴阳之道，卦者阴阳之物，

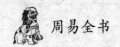

爻者阴阳之动：阴阳之道是《易》的灵魂。这是从规律的侧面谈周易。

第二条是说，一阴一阳这个对立面统一的规律运行起来，"阳极生阴，阴极生阳，一消一息，转易相生，故谓之《易》。"这是清代易学家李道平在《周易集解篡疏》里作的解释，他讲得简明恰当。可见，《易》之所以叫作《易》，是源于阴阳之生生不已的动能。换句话说，阴阳之道的生生不已的功能显现出来，就构成周易的内容。从阴阳之道的功能侧面讲，《易》就是生生不已的别名。

第三条是讲阴阳之道变化的侧面。阴阳互为其根，互交互变，变化之极，妙不可测。正如濂溪先生所说"发微不可见，充周不可穷"（《近思录》卷一注）变化无穷，无影无形。阴阳之道运动演变的这种情况，令人感到玄妙之极，无以名之，遂名之曰神。孔传当中的神字，多半是这个意思。如"神无方而《易》无体"方是方向，体是外形。千变万化、阴阳不测的神和阴阳消息、唯变所适的《易》，是没有固定的方向和确定的形体的。就这个意义来说，《易》的活动就是神的活动。

也无妨说，《易》就是神，神就是《易》。所以，孔子又说："知变化之道者，其知神之所为乎！"变化之道就是阴阳变化的规律，《易》是讲阴阳变化之道的，而这个变化是玄妙莫测，如同神灵似的。那么，如若通晓《易》所显现的变化之道，便可明了阴阳莫测的道理及其作用。归根结底，也就是说，神是《易》的表现，《易》与神为一体，两者都是玄妙难知的东西。另外，孔子赞颂《易》的玄妙功能时，曾说："《易》无思也，无为也，寂然不动，感而遂通天下之故。非天下之至神，其孰能与于此！"意思是说，《易》这个东西，看起来是无所思也无所为，寂然不动。可一旦以揲蓍起卦，它便阴阳交感，活动起来，而通晓天下的事理。若不是天下最玄妙的东西，怎么能达到这个地步呢？这段话，仍是以神字来表达阴阳不测的奥妙，和前几句话中神字的意义没有什实质的区别。

芳子："一阴一阳""生生不已""阴阳不测"这三点，讲的是周易的内涵和功能，不过，我看也适用于整个宇宙和人间。可不可以这样看？

笔者：是的，情况就是这样的。所以孔子赞颂说：

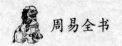
"《易》与天地准，故能弥纶天地之道。"又说："《易》之为书也，广大悉备，有天道焉，有人道焉，有地道焉"（《系辞》）。正因为周易是天人法则的结晶，所以孔子才始终用天人合一的观点为周易作传。

就神的概念来说，也是这样。一阴一阳之道是贯穿于天地之间的基本规律，也是《易》的基本规律。一阴一阳交互演变，使万事万物生生不已，变化无穷。《易》也是这样，"太极生两仪（天阳地阴）、两仪生四象（太阴、少阴、太阳、少阳），四象生八卦，八卦交叠而生六十四卦三百八十四爻，"阴阳相易，以成化生"（乾注），也是生生不已，变化无穷。一阴一阳在天地人之间相交相易，相反相成，忽消忽长，忽此忽彼，变化之极，令人玄妙莫测，其妙如神。所以，孔子赞叹说："变动不居，周流六虚（卦之六位），上下无常，刚柔相易，不可为典要，唯变所适"（《系辞》）。揲蓍求卦时，蓍草为阳为阴，无从推测，如圆球滚动，找不出头绪，只有任其自然，委之于时运，所谓蓍之德圆而神，就是指此而言。得卦之后，卦变爻变，阴阳之相反相成，千变万化，头绪纷繁，令人难以判断，呈现出一种玄妙的景象。所以阴阳不测之神，不仅指周易，也指世界。在当代量子力学中有一条定律，名为测不准定律，表明宇宙万事万物变化万端，无法最终测定。《易》之阴阳不测之神，也许是这种定律的朴素的反映。总之，在道、化、神三方面，世界与周易可以说是一而二、二而一。

总而言之，孔传所说的神，大都反映天地造化的奇妙，反映《乾》《坤》阴阳变化的奇妙。《说卦》当中有一句话："神也者，妙万物而为言者也，"意思是说，神这个东西，是指天地（乾坤）造化万物的奇妙莫测的功能而言。这句话可以看作是孔传中神这个概念的核心意义。

有的书，如《周易大传新注》，把"至神"的神字，解为"神速"。这恐怕不对，这既没有训诂的根据，也不合乎《系辞》本义。后代书面语所说"神速"是偏正式的双音词，意思是"神奇的速度"，极言速度之快，快之若神。神字本身并没有快速之意，只是前边所说的"妙万物而为言"的意思。我们再看下面这段话：

"夫《易》，圣人之所以极深而研几也。故能通天

下之志；唯几也，故能成天下之务，唯神也，故不疾而速，不行而至。"

这段话，是孔子赞颂周易内涵的渊奥和功能的巨大。大意是说，周易这部书，是圣人穷究事物的深奥的道理，钻研事物的玄妙的机微而后创作出来的。唯其深奥，所以能贯通天下的思想。唯其机微，所以能成就天下的事业。唯其神妙，所以（它发挥作用时）使人感不到快速而快速，不觉得行进而到达目的。很明显，这是赞扬周易具有深、机、神三大特点、三大功能。在这里，神字仍然是玄妙莫测而不见形迹的意思，跟前边所谈的"寂然不动，感而遂通天下之故"的"至神"之神，是互为表里的话。孔颖达在《周易正义》里说："以无思无为，寂然不动，感而遂通，故不须急疾而事速成，不须行动而理自至也。"把"唯神也，故不疾而速，不行而至"的含义，解释得非常透彻。

芳子：可是，《系辞》所说的"蓍之德，圆而神"和"神以知来，知以藏往"当中的神字，用"奇妙"来解释，好象难以理解。

笔者：不，不难理解。"蓍之德，圆而神"，卦之德方以知，六爻之义易以贡。"是一个并列的复合句，相辅相成，表明《易》筮的结构与功用。第一分句说的是蓍草运行的情态。在揲蓍求卦的过程中，四十九根蓍草运而不穷，好似圆球滚动，是阴是阳无可计量，系于偶然的机运，无从测定。用横渠先生的说法是："两在（阴阳两在），故不测。"也就是处于阴乎阳乎无从测知的玄妙状态。这就是"圆而神"的含义。神字在这里的意思仍然和前边所说的一样。接下去，"卦之德，方以知（智）；爻之义，易以贡。"是说，卦的性能是以方直的形体储藏智慧，爻的作用是通过变动告知吉凶。整个复句讲述周易的占筮活动，是以蓍草的圆运如神求卦，然后依据卦内的智慧和爻的变易推断吉凶。总合起来，周易便具有"神以知来，知以藏往"的功能。这个神以知来，也不是说，占筮时凭神谕而知未来。仍然是承接上文"圆而神"的神。"知以藏往"则是指上文"卦之德，方以知"。意思是说，运用蓍草圆而神的妙用求得某卦，然后凭卦内所藏既往的智慧（以及爻变的显示）以预测未来的休咎。关于"神以知来"的"来"字和"知以藏往"的"往"字，来之德先生解得最好，

他认为："凡吉凶之几，兆端已发，将至而未至者曰
'来'。吉凶之理，见在于此，一定而可知者曰'往'"
（《易经集注》）。以几、兆、理诠释来、往，十分深刻。
再有《系辞》中的神字，大多数用作名词，但有时也用
作动词。在论述和赞倾周易揲蓍成卦后所发挥的巨大功
能时，《系辞》有这样一番话：

"显道，神德行，是故可与酬酢，可与佑神矣。"

前后两个神字，头一个是动词，后一个是名词。什
么是显道，神德行呢？《周易正义》是这样解释的：
"《易》理备尽天下之能事，故可显明无为之道，而神
灵其德行之事。"意思是周易的义理完全囊括了天下的
万事万物，所以它能显扬大自然无为的规律，并足以神
化世间的德行。我觉得，这个注释有两点毛病：一个是
所谓"无为之道"，是道家思想；讲周易还是用阴阳之
道的说法，更为妥贴。另一个是把"神德行"的神字，
解作"将其德行之事加以神灵化"，很费解，恐非原文
本义。我的看法是，这个神字作为动词，除了神化之
外，本来还有伸长的意思。这一点，前边已经讲过了。
（神者伸也，鬼者归也）。因此，把这两句话解作"显

扬大自然的阴阳之道，伸张人间的德行"，似乎顺理成章，不那么别扭。本来周易既含哲理，也含伦理，这样解释，合乎周易的内涵与功能。不过，《周易正义》能把这个神字当作动词看待，还是恰当的。而韩康伯的注释"由神以成其用，"却含含糊糊，似指天神，又似指神化，象名词又象动词，看不明白。下文的"可与酬酢，可与佑神"是什么意思呢？这两句，韩注讲得明白。它说："酬酢，犹应对也。""可以应对万物之求，助成神化之功也。"佑是帮助，"佑神"的意思不是帮助天神，而是对"阴阳之道造化万物的玄妙功能"（神化）有所促进。《九家易》说的最清楚，它说："阳往为酬，阴来为酢，阴阳相配，谓之佑神也。"就是说，周易可以演示阴阳之道的往来变化，把天地造化万物的神妙功能，通过占筮加以发扬，叫作佑神。

芳子：不过，从字面看，"佑神"总好象是辅佐天神实行造化的意思。神字似乎可以解作主宰世界的天神。易学界里有没有这种解法？

笔者：有。有的易学者是这么解释的。例如《易经今译》就说："如果依循《易经》的理数实行，就能与

259

神的决定相同。因而易经可与任何需求相应对，可以协助神的功能了。"从神的决定到神的功能，显然，作者把佑神的神，看作是主宰世界的天帝。我认为，这种解释是错误的。理由是，倘若单就这一句话孤立地看，佑神的神也许难免有这种解释，但我们知道，《系辞》是孔子讲周易，《系辞》的思想不能离开孔子的思想，不能离开周易的本质、体系和内涵。前边说过，孔子是一个入世的伦理主义者，对虚幻的鬼神之类，持保留态度，敬而远之。他的思想中并没有宗教上的主宰世界的人格神。同时，由阴阳二象所组成的八卦、由八卦所演成的六十四卦这一《易》象体系，乃是宇宙的缩影，它不是始自天神的造作，而是源于伏羲圣人的仰观俯察和效天法地。周易是以阴阳之道为基准，不是以天帝的神志为始基，是"《易》以道阴阳"，而不是《易》以道鬼神。正因为这样，所以孔子自然依照周易的本来面目，结合自己的入世思想，钻研、探索和阐发《易》理而为之作传。《易》讲阴阳变化之道，孔子便说"一阴一阳之谓道"，《易》的阴阳变化玄妙莫测，孔子便赞叹说："变化不测之谓神"。伏羲画卦成《易》是依据天文地理。孔子解《易》便说："《易》与天地准，故能弥纶天地之道。"如此等等，孔传基本上可说是"以《易》解《易》。"简而言之，诚如横渠先生所说："《易》即天道而归于人事。"《易》的内容是这样，孔子的解说基本也是这样。孔子在易传里大讲阴阳变化的天道，目的是提高人世的伦理道义。他绝不会把周易本来没有的天神（天帝）拿过来讲解周易，绝不会把周易的功能视为帮助天帝造化万物。全面思考一下，这个道理是很明显的。怎么样，你认为对不对？

芳子：我觉得您的全面思考，很有道理。是的，我们谈孔子的易传，要从哲理的高度来细加品味，才能明白个中三昧，如果象郭沫若那样，把它看成说鬼讲神的宗教书，看成求神问鬼的卦书，那就是"一脚门里一脚门外"的浮浅的看法了。

笔者：好极了。你这个观点很有份量，这表明你在探索易传中"神"的本义的过程中，对周易的本质加深了认识。

芳子：先生过奖了，谢谢！我愿趁这个难得的机会，经过您的教导，把易传里的"神"彻底弄明白。

　　笔者：请看《系辞》下面这段话：

　　"……阖户谓之《坤》，辟户谓之《乾》。一阖一辟谓之变，往不不穷谓之通。见乃谓之象，形乃谓之器，制而用之谓之法。利用出入，民咸用之谓之神。"

　　这段话是用门户的开闭作比喻，阐述阴阳之道的变化与功能。意思是：关门叫作《坤》（阴），开门叫作《乾》（阳），一关一开叫作变，往来无穷叫作通。阴阳的表现叫作象，阴阳成形叫作器。依据阴阳之道制定的法则叫作法。这些东西自然而然便于人民生活的需要，这种奇妙功能叫作神。

　　这段话依次讲了《坤》、《乾》、变、通、象、形、法、神等八个概念的内涵和关系。依照朱熹《本义》的解释，意思是说，"阖辟，动静之机也，（阖是静。属阴，辟是开，属阳）。先言《坤》者，由静而动也。《乾》《坤》变通者，化育之功也。见象形器者，生物之序也。法者，圣人修道之所为。而神者，百姓自然之用也。"朱氏是本着《易》的阴阳之道贯通于天地人之间的观点，讲了上述八个概念的含义，大体上符合孔传的思想，同时，他用"百姓自然之用"来解释神字，也与孔传"百姓日用而不知（所以然）"的说法，能前呼后应，一脉相连，可以视为正解。总而言之，《系辞》这段话里的神字，还是对阴阳之道的玄功妙用的赞颂。说来说去，这个神字仍然没离开阴阳不测之谓神的"神"义。

在谈到周易内涵的表达手段时，孔子说过一段很有名的话，他说：

"书不尽言，言不尽意。……圣人立象以尽意，设卦以尽情伪，系辞焉以尽其言，变而通之以尽利，鼓之舞之以尽神。"

译成今语，大体是说：

书面文字不能完全表达口语，口语不能完全表达思想。为此，圣人创立《易》象，借以完全表达思想，设置六十四卦，借以完全表达所要说的话。通过卦爻的变化交通，借以完全发挥它的功能。鼓动舞动蓍草，经过四营三易十八变而求卦，以便完全发挥《易》筮的阴阳莫测的玄妙作用。

孔子认为"周易有四个圣人之道：辞、变、象、占。上面这段话的中心思想是以象为主，说明周易作者

凭借辞、变、占等手段来表达自己的创意和《易》道的奇妙作用。这是又一个以必然性的内容为据而与占筮的偶然性的形式相结合的阴阳不测的神。

《系辞》中还有两个神字，用作动词。一个是"神而明之存乎其人"，另一个是"神而化之，使民宜之。"前者的大意是说，如何领悟"《易》理阴阳变化的奥妙"（神），并把它"发扬光大"（明），那就在于个人的修养程度了。后者的神字和化字，可借用来之德的解释。他认为，"由之而莫知其所以然者神也，以渐而相忘于不言之中者化也。"大意是说，上古的皇帝尧舜依据阴阳变通之理，创制了许多便民措施。民众顺从实行，知其当然而不知其所以然，采取此种神奇的无为而治，这就是"神之"。渐渐地默默地民众忘其由来，濡染成俗，这叫作"化之"。所以使民宜之，宜是适合的意思，就是使民众觉得合适、方便。这明之与化之的两个神，也同单一的神一样，虽也有神秘的意味，但不是指天上的人格神。

作为单独概念，系辞里还有三个神字。比较起来，和前边所说的，意思差不多，一个一个地分析起来，不免罗嗦，合起来讲讲，又不免觉得笼统，不细致。

芳子：既然已经讲了这么多，差不多快讲完了，若是剩个尾巴呢，那太遗憾了。先生，请您辛苦些，把它全部讲完，好不好？

笔者："是的，我也作如是想。过去，欧美人曾讥笑中国人是"差不多先生"，我想今天就摘掉这个帽子，争取作个"完全先生"。

先说第一句："精义入神，以致用也。"

这个神字，晋代易学家干宝解的最简明妥切。他说："能精义理之微，以得未然之事，是以涉于神道，而逆祸福也。"（周易集解纂疏》）换成今语，大意是说，能够精通周易哲理的微妙所在，用以推断未来的事情，从而达到变化莫测的阴阳之道，用以预测人间的祸福。这样作，是为了达到实用的目的。

要特别注意，孔子所说的"入神"，是以精义（精通义理）为前提，而宗教家（包括巫史之类）的入神（进入神灵境界）则是以乞祷为依据。所以前者的神是阴阳妙变之义，后者则是精神的虚幻腾跳，性质根本不同。

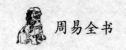

第二句是"穷神知化，德之盛也。"

"穷神知化"是"精义入神"的更高阶段。先是精通《易》理，进入妙境，然后尽知玄妙而通晓变化。这么高尚的修养，对一个人来说，当然是才德的最高境界。一前一后两个神字，意思就是这么简单明了。这里面丝毫也没有神灵鬼怪的成分。

第三句的"知几其神乎"，意思更容易明白。

什么叫"几"？在下文里，孔子直接作了说明。他说："几者动之微，吉之先见者也。"意思是，几这个东西，是事情运动的始微，也就是端倪、苗头或朕兆。这个微小的苗头，是事情吉凶的先兆，是吉凶未到之前的先行表现。一个人如若善于抓住事情发生的先兆，便可设法趋吉避凶，这种预见吉凶的本领，应该说是掌握了阴阳变化的玄妙之道。原文所谓"吉之先见"，实际含凶在内，也许是行文之便，未加凶字罢。也有人说，知几必吉，所以只说吉，不说凶。这也是一说吧。总之，把几与吉（凶）相联，知几与玄妙相联，从而趋吉避凶，这一系列概念的的联结与推移，完全是理性思维的运动，连所谓"第六感"的意味都没有，何况神灵呢，那就更谈不到了。

何谓神明

孔传中带神字的双音词"神明"，一共出现五次。这是个绕有意趣的概念，它大多用作名词，偶尔也用作形容词或动词。离开周易的语言环境，单看神明，它在上古时代是太阳的尊称，也是太阳神的别名。《汉书·郊祀志》说："神明，日也。"就是指此而言。《礼记·郊特牲》郑玄注说："天之神，日为尊，日为百神之王。"这都表明上古时代曾经有祀奉太阳神，尊之为"神明"的原始宗教。这种情况，国外也不少见。不过，易传当中的神明，却不是这个意思。因为周易的主

乾坤交变十二卦循环升降图，出自清·胡渭《易图明辨》

体是《乾》（天）《坤》（地），并不是《离》（日）。
《离》日是《乾》《坤》所生的中女，《乾》《坤》是
《离》日的父母。而《乾》《坤》又是从太极孕生而来，
唯有太极才是产生易体六十四卦的最高尊者。但太极也
只是阴阳二气的合体，也不是天神。所以，《易》传中
的神明概念，当另有所指。首先，《系辞》述说伏羲氏
仰观俯察，始作八卦，"以通神明之德，以类万物之
精。"对此，朱熹是这样解释的："俯仰远近，所取不
一，然不过以验阴阳消息两端而已。神明之德，如健顺
动止之性；万物之情，如雷风山泽之象"（《周易本
义》）。解得很好，照此说法，所谓神明之德，不外乎
《乾》健、《坤》顺、《雷》动、《艮》止、《坎》陷、
《离》丽、《巽》入、《兑》悦等八卦的八种性质，万物
之情也不外乎是八卦所蕴涵的种种性状。统而言之，神
明是阴阳二气妙变的功能，八卦无非是彰明阴阳妙变的
形象。关于这一点，清代易家李光地作了更深入的说
明。他说："神者，妙万物而为言者也。神化虽难知，
而其发于图象者，则至显矣。"照这个解释来看，"神
明"的意思应该是，阴阳造化，玄妙难知，此之为

"神"，而把这难知的玄妙用八卦的图象显示出来，则明白易解，这叫作"明"。换句话说，把难测的阴阳玄妙的变化（神），用易象显示出来（明），——整个意思统合为一个词，就叫作神明。他这个观点，也许来自《九家易》。《九家易》说："隐藏谓之神，著见谓之明。阴阳交通，乃谓之德。"李道平的疏语说："神者隐藏，阴之德也，明者著见，阳之德也，阴阳相交，则神明之德通矣"（《周易疏纂集解》）。这样深入的解说，使神明这一概念的内涵，昭然若揭。总之，抓住阴阳二气的相反相成，便可体会到"神明"的精髓。

其实，关于神明的内涵，《系辞》本身已经在下文从根本上作了说明。它说：

"《乾》《坤》，其易之门耶！《乾》，阳物也；《坤》，阴物也。阴阳合德而刚柔有体，以体天地之撰，以通神明之德。"

孔子把《乾》《坤》比喻为周易的门户。《乾》阳《坤》阴，阴阳相交，两情相得，或刚或柔，自成形质，借以表现天地的造化，融通阴阳隐显的德性。这样，从天地阴阳的造化来讲神明，便使人从根本上认清了它的

实质。

所以，《说卦传》里所谓"昔者圣人之作《易》也，幽赞于神明而生蓍"也无非是说，古时圣人作《易》时，是暗中帮助天地造化的阴阳两面的功能而发明出蓍草占筮的方法，其中神明一词，与上面说过的意思相同，不必重复。

芳子：我记得，《系辞》里还有一个"神明"，似乎表示一种动作。

笔者：是的，就在下面这段话里：

"（圣人）明于天之道，而察于民之故，是兴神物，以前民用。圣人以此斋戒，以神明其德夫！"

意思是，圣人通晓大自然的法则，同时察知人民的情况，于是开创玄妙的蓍占，借以引导人民使用。圣人为此进行修斋自戒，诚心诚意，以便充分发挥易占或阴或阳奥妙而显赫的功用。"以神明其德"的神明是动词，换成使动句法，就是"使之神而明"。使什么"神而明之"呢？这一点大体有两种解释。一种是说，圣人使自心神而明之。

陆绩说：

"圣人以蓍神知来，趋吉避凶，即以此洁齐其身……。惟其吉而后行，举不违失，其德富盛，见称神明，故曰神明其德也。"（《周易集解纂疏》）

朱熹也持此说，他说：

"圣人……斋戒以考其占、使其心神明不测，如鬼神之能知来也。"（《周易本义》）

《周易全解》的注释是：

"'神明其德'意思是说提高思想水平能达到最高的程度。"

《周易辨证》的译述是：

"应验如神地彰明自己的道德。"

但是，孔传并不用神明的概念来称颂人的修养，只是用它来显示天地造化、阴阳变化的奥妙功能，赞美周易的内容具有这样的功能。前边讲过的"以通神明之德，""幽赞于神明而生蓍"等，都是这个意思。"神而明之"云云，也是指人对周易领悟与运用的水平，不是泛指人的德才修养的程度。至于把神明的神释为占筮的应验如神，那就明显地缩小了"神明"的内涵与外延,，恐怕是大词小解吧。

另一种解释是把"神明其德"的对象视为周易，说使周易的功能发挥到神而且明的程度，叫作"神明其德"。德是性能的意思。正因为要使周易性能的发挥达到神明的程度，所以圣人才通过斋戒，洗心专诚，唯精唯一，以乞顺利地达到目的，这也可备一说。

何谓神武而不杀

芳子：《系辞》里还有一句"古之聪明睿知，神武而不杀者夫！"这个"神武而不杀"，很难理解。我们日本人，一般总是认为，"武"便是要杀。

笔者：韩康伯认为，这个论断的意思是，"服万物而不以威刑"。单就这一句来讲，当然可以这样解释。但这句话的上文是说《易》占的"神以知来，智以藏往"的奇妙功能，和武呀杀呀之类毫无关系。陈梦雷在《浅述》中所说"盖指伏羲氏也。神足以开物，知足以成务，聪明睿知也。吉凶之断，神武之决也。与民同患，不杀之仁也。"云云，把"神武而不杀"硬和《易》占联系起来，实属牵强。我看这句话的解释，还是朱熹说的在理。就是说，是个比喻。意思是，如同荀子所说的"善《易》者不占"，孔子所说的"不占已矣"那样，真正悟得周易的数理义蕴，就不必借用什么器物和手段（不假于物），不必凭借揲蓍求卦的活动，便足以预知吉凶。好象聪明的王者不必杀人而足以使人悦服，犹如高明的将军，不必战斗而能制服敌人。这种"武"是奥妙莫测的武，加上修饰语，就叫作神武。精通易道的人不必占卦，就足以预测未来，是之为"神算"。你明白了吗？"神武而不杀"，就是这个意思。

芳子：噢，原来有这么深的涵义。想一想，孔传的周易，确实如虎生翼，锦上添花，较之原来的周易，更显得奇趣无穷，耐人寻味。

笔者：孔传的周易，是一份具有独创性的哲学瑰宝。我们可以从中学到很多东西。今天我们是漫谈其中的鬼神问题。因为边散步边漫谈，所以我说的话拉拉杂杂，粗枝大叶，没什么条理。你们向学心切的孩子们，倘若能够从这些漫谈中得到一些启发，成为进一步钻研的阶梯，我这个老头子也便感到心满意足了。那么，你今天听我讲了这么多阴阳怪气的"神"话，有什么感

想、心得，谈谈好不好？

芳子：心得么，也许谈不到。感想倒是有一些。

首先，我好象完全明白了孔子思想中的鬼神是个什么情况。孔子对传统观念中的宗教性鬼神，是抱着敬而远之、祭如在、未能事人焉能事鬼的态度，不语怪、力、乱、神，把鬼神之类非现实的东西，挂起来，存而不论。

笔者：郑国哲人子产所说的"天道远，人道迩，非所及也"，也是这个意思。"存而不论"，不是抛开不管，只是存一存，慢慢再说。这是一种理性的态度。说起来，周易本身对六合之外就是持存而不论的态度。它是始于六合之内现实的天地（《乾》《坤》），不是始于虚无飘渺的六合之外的"仙界"。孔子在《系辞》里虽然说"《易》有太极，是生两仪，两仪生四象，四象生八卦"，把《易》的产生从天地（两仪）追向太极，但太极也没有离开六合之内。有人说它代表《乾》《坤》的合体，有人说它就是伏羲所画的第一笔阳象（—），等等。这一点，我写过《大易是否不言有无》的专论，你可以参阅。同时，孔子在《系辞》里反复强调《乾》

《坤》两卦在周易中的创始作用，"《乾》《坤》其《易》之蕴邪！""《乾》《坤》其《易》之门邪！"这些话，表明孔子如实地认识到周易始于六合之内，对六合之外则持有存而不论的态度。虽然我们不好断定孔子这种思想来自周易，但至少在这一点上双方的观点一致是没有疑问的。

芳子：其次，我认识到，在周易来说，宇宙人间的主宰乃是阴阳之道，不是什么天神地祇。所以，周易经文中既没有神字，也没有超自然意义的鬼字。但孔子却借用传统文化中神鬼二字，尤其是神字，按照周易的基本精神，阐发出阴阳莫测、屈伸变化、奥妙无穷之类的涵义，使神的概念披上哲理的外衣。所谓"阴阳不测之谓神""神也者妙万物而为言者也"云云，既是基于理性的哲学名言，也饱含诗味，读起来朗朗上口，仿佛孔子的圣者风范，跃然纸上。

第三：在孔子思想中，周易的内容是天人之道的反映，虽然渊奥难解，但不是不可知的。他所谓"知变化之道者，其知神之所为乎""知几其神乎"，大概是说，一个人如果掌握了周易的阴阳变化之道，他的思维

能力就可以达到"神"的水平。

笔者：孔子在易传里谈神，当然是谈周易内涵的神。正如陈梦雷在《周易浅述》中所说，"圣人尽乎《易》，即合乎神。"确是这样。孔子彻底掌握了周易的奥妙，所以他的思维自然合乎"神"的要求。在他心目中，可以说《易》即是神。

芳子：最后还有一点感想，也可以勉强说是心得。那就是，在距今两千五百年前的上古时代，在传统的宗教神话还在弥漫成风的社会，孔子敢于顺应时代的变革，把天上的神从宝座上拉下来，使它为人所用，为民所用，使人们学《易》研《易》得以明神、入神、穷神、知化，从而利于修身、齐家、治国、平天下，这真是个伟大的业绩。

笔者：好，好极了。听你这番总结式的论述，我也很受启发。这真是"青出于蓝而胜于蓝"！

芳子：先生过奖了。哎呀，时间过的真快，不知不觉快到中午了。

笔者：这真是：

"秋山漫步话周易，不觉阳明近午天。"

芳子：多承教诲，受益非浅，先生受累了，回宾馆去休息一下吧。午后我陪先生去登金顶，那时再继续聆听先生神而化之的讲解。

第十二篇　《易》立于交

自上古以来，关于《易》名的含义即有多种说法。简易、变易、不易之外，还有交易、日月、蜥蝪等解释，迄未统一。直到清末，仍有不同学说。据清末朱骏声《六十四卦经解·近时说〈易〉家》所述，"《雕菰楼易学》《周易遵述》大旨宗宋人，而兼汉人之象。取变易不取交易，以应比为主。《河上易注》本日月为易之义，专取爻位为《坎》《离》，而于周流之义则失。且因离交媾之义而视爻象为男女之事居多。叶佩荪以移易为宗旨而不取变易。苏秉国以变易为宗旨，而不取爻位。连斗山兼取交易、移易、变易，而于不易之义则

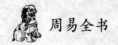

失。"朱氏所述，未必能概括《易》学全界，但仅从上述表列也可窥见，二千年来《易》名意义问题不但未趋于一致，反而呈现愈益纷纭的趋势。何以取变易而不取交易，取日月而舍其他，取移易而不取变易？何以取变易而不取爻位？何以兼取交易、变易、移易面舍弃不易，等等，各家必各有专论，这里不谈。这里单就周易的交义，漫叙一下学《易》致用的心得。

本来，从周易的形成、内容、机制和功能来说，《易》名的变易之义应该说是占有中心地位。所谓移易、交易等，在一个思想体系中，只是变易的下位概念，属于变易的范畴。但由于这些下位概念，除了具有变易的一般属性之外，还具有本身独特的属性，有自己单独的内涵，其实际作用也非同一般，故而也值得抽出来谈一谈。这里专就《易》之交义及其社会作用，稍加论述。

《易》生于交

让我们先从《易》体的形成谈起。

首先我们可以下个定论：《易》生于交。

众所周知，周易的基本框架是八卦，而八卦的基本因子则是阴（一）阳（一）两个标象。在卦中，前者叫阴爻，后者叫阳爻。八卦的每一卦都是由阴阳两象相交而成，这从爻字的结构也可看出。单独的丿，相交为乂，又相

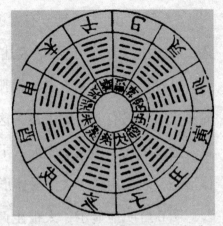

坎离交变十二卦循环升降图，出自清·胡谓《易图明辨》

交，而后成为爻字。这里暂且撇开字源训诂，单从字形的感觉上体会《易》名的交义之重要，亦可以思过半矣。

具体讲，八卦及六十四卦这一周易体系的形成，也无非是阴阳二爻相交而成八卦，八卦相交而成六十四卦。以现代语言来说，这就是阴阳两象的排列组合。而所谓排列组合，当然不是基本因子的机械排列，而是具有内在联系的有机构成，故而排列组合，实质上也是"交"的一种形式。

《系辞》说："《易》有太极，是生两仪，两仪生四象，四象生八卦。"这段话表述周易产生的过程及其环节，已经表现出《易》体由阴阳相交而生的观点。但在先秦当时，只有文字的表述，这种观点的表现，尚不明显。迨到宋代，出现了先天六十四卦横图，以图表的具体形态，表画出这一关于易体形成的情形（见图6）。

图6鲜明地显示，太极生两仪（阴阳），两仪生四象（太阳、少阴、少阳、太阴），四象生八卦（《乾》《兑》《离》《巽》《坎》《艮》《坤》）的过程与环节。八卦的整个形成过程，即是太极、两仪、四象相交的过程。其中的第一个环节太极生两仪，字面上看只是一生二，或一分为二，并无交义；但反过来看，同时也是二生于一或二分自一，也可谓相交为一的二又反回二的原状。无交何来分？分来自交。其交义呈现于分中。换言之，等于说相交于太极中的阴阳两仪，从太极中分出。两仪相交，生出四象。然后四象再相交，即生出整个八卦。至八卦生于"交"，六十四卦自然也生于"交"。上图表现得十分清楚，勿需赘述。

在《说卦》中，八卦的产生又有另一种说法。其言曰：

"《乾》，天也，故称乎父。《坤》，地也，故称乎
母。《震》一索而得男，故谓之长男。《巽》一索而得
女，故谓之长女。《坎》再索而得男，故谓之中男。
《离》再索而得女，故谓之中女。《艮》三索而得男，
故谓之少男。《巽》三索而得女，故谓之少女。"

这种观点，后来被称为文王八卦（所谓后天八卦）
次序。它把八卦的产生，比作子女之生于父母。绘成图
表，其形象如图所示。

《说卦》所说的"索"是什么意思呢？据《礼·曲
礼》"大夫以索牛"注，索字是"求得而用之"的意
思。"《震》一索而得男"的意思是，在《乾》父《坤》
母相交的情况下，《震》子是《坤》母取用《乾》父初
一的阳爻而后产生出来的。卦爻之数，自下而上，初一
为长，所以《震》卦算作长男。其余六卦产生的情形，
与此相同。这种观点未必符合八卦产生的实况，但以此
观点述说八卦的产生，却较之"太极生两仪、两仪生四
象、四象生八卦"的说法，更鲜明地表达出《易》体
的形成源于阴阳相交的情况。它把交义作为周易生命的

本质动力，阐述得明明白白。

关于八卦的成因，有几种说法。有人认为源于投掷卜具。占卜时人们把卜具抛于地面，视其正反，以定阴阳。抛掷三次，即成一卦。与所谓文王课的钱卜，方法类似。都是看正反的组合情况，成卦占卜。而卜具的正反组合，即是正反相交，三阳相交便成《乾》卦，三阴相交便成《坤》卦，如此等等，终成八卦。八卦之成因未必如此，这且暂置不论，总而言之，还是无交不成卦，不成卦即不成《易》，自不待言。